雑草の輝き

歎異抄に学ぶ

高松信英　著

目　次

目次

目次

表紙絵 山本慶子

『歎異抄』の文は、永正本を底本とし、西本願寺蔵蓮如上人筆写本、端坊別本をもって対校した東本願寺発行の『真宗聖典』に依った。

聴聞《ちょうもん》という事

『歎異抄《たんにしょう》』は有名な仏教の古典である。しかも小さな書物でどこででも手に入れることができるから、高校生や大学生でこの書を求める人は多い。ところが、いざこの書をひもといてみると、何が書いてあるのかさっぱりわからない。そこでせっかくこの書にめぐりあいながら、本棚の上に放りあげていつのまにかほこりにまみれてしまう、というのが偽《いつわ》らざる現実の姿ではなかろうか。困った事にそうなるのは、単に古典の読解力の不足によるだけではないようである。『歎異抄』はいかに古典文法に通じ、解釈能力にすぐれていたとしても、なかなかわからないのであろう。それどころか、むしろ頭のよい成績優秀の模範生ほどわかりにくい書物であるとさえ言い切ることができるのではなかろうか。

十五世紀にこの書を発見した本願寺の蓮如上人《れんにょしょうにん》は、この書の奥書に次のように記している。

右、この聖教《しょうぎょう》は、当流大事《とうりゅうだいじ》の聖教《しょうぎょう》となすなり。無宿善《むしゅくぜん》の機《き》においては、左右《さう》なくこれを許すべからざるなり。

（この教えは浄土真宗の要《かなめ》となるすばらしい書物である。だが、この書にどのように接したらよいか、という事がまだよくわかっていない人たちに無雑作に与えてはならない。）

なぜ勝手に読ませてはいけないのか。それはできのよい人ほど、古典の解釈能力をフルに活用して、この難解な文章を解釈、理解しようと努めるにちがいない。けれどもそういう学び方では、仏教や親鸞《しんらん》さまについての知識は豊富になり、いわゆる物知り博士にはなるかもしれないが、『歎異抄』のこころにふれることはできないであろう。

『歎異抄』の文章や言葉は、他の仏典と同じように、あくまでも月をさす指なのである。赤ちゃんを抱いて、夜空を見あげ、お月さまを指さして、「ほら、あれがお月さまですよ」と教える時、赤ちゃんがかんじんの月を見てくれないで、指さしている指の方ばかりに気をとられていて困る事がある。

『歎異抄』を解釈しようとすると、ともすればこの赤ちゃんと同じ誤りを犯しやすいのである。「阿弥陀さまって何だ」、「念仏って何だ」と、仏教辞典をひもといていろいろ分析しても何もわからないのであろう。それはちょうど「鏡を見てこい」と命ぜられて、自分の顔を見ないで「たて三十センチ、横二十センチの鏡だったよ」と、報告するようなものである。

七世紀の中国浄土教の高僧、善導大師《ぜんどうだいし》は、その事を次のように指摘している。

行者《ぎょうじゃ》、まさに知《し》るべし。もし解《げ》を学ばんとおもはば、凡《ぼん》より聖《しょう》に至り、乃至《ないし》、仏果《ぶっか》まで、一切《いっさい》さはりなく皆学ぶことを得《う》べし。もし、行《ぎょう》を学ばんとおもはば、必ず有縁《うえん》の法によるべし。少《すこ》しき功労《くろう》を用いるに多く益《やく》を得るなり。

『観無量寿経疏《かんむりょうじゅきょうしょ》』

（道を求めて行こうとする者は次の事をよく心得ておくがよい。もしあなたが仏教の知識を得ようと思うならば、初歩の段階から高度の段階へ、さらに仏（めざめた人）の悟りの境地にいたるまで、だれでもまちがいなく知識を身につけることはできるであろう。しかし、あなたがもし自分がたすかろうと思うならば、必ず今、自分がめぐりあうことができた教えと対話しなさい。そうすれば、無理なく自然に自分の道が開かれるであろう。）

昔の人は、教えを受ける事を「お育てをいただく」と言った。『歎異抄』と対話するという事は、私が教えに育てられ導かれて生きる、という事にほかならない。だから『歎異抄』がよくわかった、という事は、言いかえれば、「私はこのように『歎異抄』に育てていただきました」という事なのである。

浄土真宗の教えは、聴聞《ちょうもん》が大切だ、と昔から言われてきた。聴聞とは、何度も何度も繰り返し繰り返し足を運び、教えを聞き、教えに親しむ人になる事である。ところが困ったことに、現代に生きる私たちは、「仏教」とか「念仏」とか「浄土往生《おうじょう》」とかいうような言葉には、ある種の拒否反応を示すのではなかろうか。この進んだ世の中に、「そんな古くさいわけのわからないようなものが通用するはずがないではないか」と、はじめから拒否的な構えをとって、外から眺めているのではないか。

だが、食わず嫌いの子どもがいたら、親はどうするだろうか。おそらく子どもがどんなに嫌《いや》がっても、さまざまな手だてを考えて、少しずつたべさせ、だんだんその味になれさせていくのであろう。何度も舌の上にころがして行くうちに味を覚え、その味を楽しめるように成長していくのである。仏法聴聞も同じ事。はじめから批判的、拒否的な構えをとって、「結論はどうなのか」、「仏教を一口で言えばどういう事なのか」、「教えを聞けばどうなるのか」などと、せっかちに答を要求しても何も得られないであろう。まだ自分の聞く姿勢ができあがっていないうちに答が与えられても、それは単なる消化不良の知識にすぎない。それはちょうど、他人にたべものの味をくわしく説明してもらって、その味を理解しようとするのと同じ。どんなに懇切ていねいに、どんな味かを説明してもらっても、実際に自分がたべなければほんとうの味などわかるはずがないではないか。

総序

（歎異抄・聖典六二六頁）

ひそかに愚案《ぐあん》をめぐらして、ほぼ古今《ここん》を勘《かんが》うるに、先師《せんし》の口伝《くでん》の真信《しんしん》に異なることを歎《なげ》き、後学相続《こうがくそうぞく》の疑惑《ぎわく》あることを思うに、幸《さいわい》に有縁《うえん》の知識に依《よ》らずは、いかでか易行《いぎょう》の一門に入《い》ることを得んや。全く自見《じけん》の覚悟を以て他力《たりき》の宗旨《しゅうし》を乱《みだ》ることなかれ。よって、故親《しん》鸞聖人《らんしょうにん》の御《おん》物語のおもむき、耳の底に留《とど》まる所いささかこれをしるす。ひとえに同心行者《どうしんぎょうじゃ》の不審《ふしん》を散ぜんがためなりと云々

意訳

（静かに愚《おろ》かな思いをめぐらして、親鸞さまの教えをいただいた昔と、聖人《しょうにん》亡きあとの今とを思い合わせてみると、どうやら親鸞さまが教えてくださったお念仏のこ

ころが、まちがって受けとめられているようである。これは実に歎《なげ》かわしいことである。このようなことでは、これから道を学び教えに育てられて行こうとする人たちの間に、きっと疑いや惑いの心が生まれるにちがいない。

ありがたい事に、私はこの世において親鸞さまにめぐりあうことができた。もし私がこの先生にめぐりあえなかったとしたら、どうしてこんな愚か者が、すばらしい明るい人生を歩むことができたであろうか。ほんとうに自分の独断的な考えにとらわれて、浄土真宗の精神を見失うのは悲しいことである。

そこで、その昔親鸞さまのおそばで直接お聞きすることができた教えの中で、今もなお耳の底に焼きついて忘れることができない生きたお言葉のいくつかを、ここに書きとめておこう。これはひとえに親鸞さまと一つ心で念仏の道を歩もうとする者の疑いや惑いをなくしたいと願うからである。）

愚か者ほどよくわかる

『歎異抄《たんにしょう》』は親鸞《しんらん》さまのお弟子唯円房《ゆいえんぼう》が、師亡きあと、師の教えが世の中に曲解されて伝えられているのを歎《なげ》き、自分が直接に親鸞さまから聞くことができた生きた教えを、全く私見を加えることなく書きとどめた書物である。仏典はすべて如是我聞《にょぜがもん》（このように私は聞きました）という言葉ではじまっている。お釈迦さまの教えの真髄《しんずい》は、その生き生きとした言葉に心から感激したお弟子たちによって経典として残されている。つまり説く人があっても、それをほんとうに聞きひらいて、生き生きとした人生を歩む人がいなかったらそれは仏教とは言えないのであろう。その意味でこの『歎異抄』は、まさに如是我聞《にょぜがもん》の書そのものである。たしかにこの書の構成から言えば、その前半は親鸞さまの言葉を集めたものであり、後半は唯円房の考えを述べたものにちがいない。だからこの『歎異抄』を唯円さまの著書と見るならば、誰が考えたって前半は全部引用文なのだから、後半の部分こそ本論なのであろう。ところが、不思議なことに、世の人々は、この書の親鸞さまの言葉を学んだだけで、「私は歎異抄を読んだ」と言うのである。それは一体なぜなのか。この序文を読む者は、説明してもらわなくてもその理由はよくわかるにちがいない。

親鸞さまの生き生きとした心の世界を後の世の人々に正しくありのままに伝えたい、これこそお弟子唯円さまの願いであった。したがって、その唯円さまの願いを真正面から受けとめて、親鸞さまの教えに接して行く、それこそほんとうの『歎異抄』の学習なのである。

『歎異抄』を学ぶ姿勢は、冒頭の「ひそかに愚案をめぐらして」という唯円さまの言葉で言いつくされている。この書は一貫して愚か者のための教えであり、偉い人のための書物ではないのだ。『歎異抄』は、頭のよい、偉い人にはなかなかよくわからない書物なのである。なぜならば偉い人は、自分の考えこそ正しい、という事を信じて疑わない。そういう価値判断の物差しにあてての『歎異抄』を読むならば、そこに記されている弥陀、他力、念仏などというものは、根拠のないもの、非科学的なもの、理解できないものとして、軽蔑し、批判しなければならないのであろう。偉い人にとっては『歎異抄』も単なる一冊の教養書にすぎない。したがって理解できない部分はすべて迷妄《めいもう》なる事として切り捨て、理解共鳴できる部分のみをとりだして、自分の都合のよいように解釈しがちなのである。

唯円さまは歎《なげ》く。「全く自見《じけん》の覚悟をもって他力の宗旨を乱ることなかれ」と。自見の覚悟とは自分勝手にわかったと思いこむ事である。私たちが『歎異抄』を学ぶ時、ともすれば、自分の考えというはかりの上に親鸞さまや教えをのせて、測定しようとするのではなかろうか。だが、そういう接し方では『歎異抄』はどこまでも自分の色めがねを通して自分の都合のよいようにとらえた教えにすぎない。

唯円さまの聞法《もんぽう》(教えに親しむ)の姿勢は、決して自分の考えというはかりの上に親鸞さまの教えをのせて、これはよい教えだ、これは親鸞の独断だ、などと批判、分類して行くのではなかった。愚か者は自分の考えが絶対に正しいなどとは思ってはいない。むしろ何が正しいか、何がまちがっているのか、よくわからない身であるからこそ、教えを聞かねばならないのであろう。唯円さまは、自分のはかりに親鸞さまをのせたのではなく、親鸞さまの教えのはかりの上に自分自身をかけているのである。親鸞さまの教えが正しいか、まちがっているのか、そういう事を議論して決着をつけようとする人は、どう考えても偉い人なのであろう。愚か者が教えをたずねていく、というのは、教えを鏡として、私がどのように生きるか、という事のほかには何もないのである。

唯円さまは、親鸞さまにめぐりあうことによって、明るい生き生きとした人間の生涯を送ることができた。その感激はたった一人の胸にしまっておけるようなものではなかったのだ。親鸞さま九十年の生涯を通して教えられたこの喜びの世界にみんなが眼を開けるように、という唯円さまの切《せつ》なる願いを胸に、この書物を有名な古典の一つとして、書架に置き去りにすることなく、私の人生のともしびとして学ぼうではないか。受けとめる姿勢さえ整うならば、このとりつきにくい難解な『歎異抄』が、生き生きとした言葉となって私たちに語りかけてくるではないか。まず、自見《じけん》の覚悟にしがみつくことをやめて『歎異抄』と私をつなぐ通路を開こうではないか。

第一章

（歎異抄・聖典六二六頁）

一、弥陀《みだ》の誓願不思議《せいがんふしぎ》にたすけられまいらせて、往生《おうじょう》をばとぐるなりと信じて念仏《ねんぶつ》もうさんとおもいたつこころのおこるとき、すなわち摂取不捨《せっしゅふしゃ》の利益《りやく》にあずけしめたまうなり。

意訳

（私の世界にめざめよ、と招かれる、私が考えたこともなかった阿弥陀《あみだ》の親心に呼びさまされ、こんな私にも明るく生き生きとした人生が開かれてくるのだと勇気づけられて、南無阿弥陀仏の躍動するこころがこの胸にひびくとき、私たちはもう二度と暗い色あせた人生にあと戻りすることはないであろう。）

生き生きとした人生

私たちの日常生活では、「なぜ私は生まれてきたのだろうか」というような問いはでてこない。生まれてきたなどという事はあたりまえだから、そんな事を考えても仕方がないではないか、と思う。それよりも「よりよい生活をするにはどうしたらよいか」という事に関心が向けられて行く。そういう日常生活に身を置いて、この、阿弥陀の誓願にたすけられる、という言葉を聞いてもよくわからないのではないか。私自身と阿弥陀の願いとどういうかかわりがあるのかはっきりしていないからである。食うに困るわけでもなし、今すぐ何とかしてもらわないとどうしようもないような問題もさしあたってない。物価、公害、交通、住宅、人間関係などに問題があるにせよ、そんな事は、政治や社会の問題なのだから、何も『歎異抄』を学ばなければならぬ、という事はない、と思うのであろう。

だが、阿弥陀の誓願は不思議（思いがけない）という言葉がそえられている。この事は阿弥陀の誓願がはたらく問題は、私たちの思いもかけないところにある、という事を物語っている。日常生活は一見、平和で幸せな毎日が続いているような気がしているが、いざ自分一人になって静かに自問自答してみると、はたして「私は自分の人生に心から満足している」と、胸を張って言い切れる人がいるだろうか。

順境にあるときには、何事もないかのように一日一日が過ぎて行くように見える。だがいざ状況が一転すると、今まで全く問題にならなかったような事が、全部障害物となって私の行く手をさえぎるようになる。「この身体さえ丈夫だったら」「あの学校さえでていたら」「あんな目にさえ会わなかったら、あんな奴さえいなかったら」……人前ではとても言えないような愚痴《ぐち》が、あとからあとからあふれてくるではないか。たとえ今、食うに困らなくても、「このままでは将来性がないし、一生下積みのさえない生活で終わってしまうのではないか」というあせりが、働き盛りの男たちを突きあげてきてはいないだろうか。生活は困らなくても、「成長株だと信じて結婚した主人も先が見えてきたし、子どもも期待したようにエリートコースに乗りそうもないし」という幻滅感にうちひしがれている若い母親がいないだろうか。子どもが大きくなってやっと手が離れ、経済的にも時間的にもゆとりができたのに、「鏡に映る顔はもう若くないし、何をやっても充実感がない」という欲求不満に悩まされている中年の主婦がどこかにいないだろうか。あるいは、仕事仕事と、他の事は何も考えずに突っ走り、気がついたら停年を迎え、ある日突然ポッカリと人生に大穴があき、方向を見失ってガックリきている若い？おじいさんはいないだろうか。あるいは、女手一つで歯を喰いしばって自分を犠牲にして生きてきたのに、子どもは親を見捨てて遠くへ行ってしまうし、いい嫁が来てくれたと喜んでいたのに、だんだん親を親とも思わなくなった、と愚痴をこぼすおばあさんがどこかにいないだろうか。

よくよく考えてみると、そのような問題の根っこは、人生の向こう側に動かすことのできない死の壁が見えてくるところにあるようである。もし私たちの人生が何度も繰り返すことができるのならば、そのような不安やあせりはなくなるのではないか。困ったことに死は必ずやってくる身の事実である。今どんなに楽しい生活に酔っていても、一旦死が登場すると何もかも一度にぶちこわされる。だから私たちは、死を考えるのは嫌いだ。そんな事を考えず楽しく生きようと思う。だがどんなに死を忘れようとつとめても、生活の不安、あせり、というかたちをとって、死の方からヒョイヒョイと日常生活の中に顔をだしてくる。だから生活の表面はどんなに明るく見えても、その根本《ねもと》は真暗闇なのであろう。だからこそ昔から心ある聖者たちは、日常生活から自らを隔離し、山中にこもり、髪をおろし、出家のきびしい修行にうちこみ、明るい人生の方向を求めてその課題に正面からぶつかって行ったのであろう。

だが家庭を持ち、生計を維持するために働かなければならない者は、その修行も絵に画いたぼた餅にすぎない。したがって出家の修行ができない者にはこの世の暗さから解放される道は閉ざされていたのである。しかし、暗いのはやりきれない。そこでこの世の暗さに耐えられない者は、死後に明るさを求めるようになる。往生という言葉は、行き詰ること、死ぬことを意味するようになり、仏さまとは死者を意味する言葉になってしまったのも当然の事と言わなければならない。その心は二十世紀の時代の最先端までやってきても少しも変わってはいない。慰霊祭や死者供養が盛んに行われ、死者に向かって「安らかに草葉の陰でお眠りください」とか、「ご冥福を祈ります」と、死後の明るさを願う。だが、死後の明るさを願う心は決して明るくはない。そんな保証のない人生の方向に私たちが心から満足できるはずがないのである。

親鸞さまは、その暗い私に「ただ南無阿弥陀仏と、仏の名を呼び、その心をたずねて行くがよい。そんな暗い私を救わずにはおかぬという、思いがけない阿弥陀の誓願の世界が明るく開かれていますよ」と教えられている。阿弥陀の浄土に往生《おうじょう》するというのは、決して「働け、がまんしろ。生きているうちはどんなに苦しくても、死んだら極楽浄土で楽しい生活ができる」というような、あてにならないお伽《とぎ》話ではないようだ。

ほんとうは、私の生活の根っこが真暗闇なのだ。その生活の木についている花や葉を見ると明るそうに見えるかもしれない。だがそれは見せかけの美しさにすぎない。浄土往生の人生は、生活の根っこを明るくし、花や葉を生き生きとした本来の姿に回復することにほかならない。念仏の教え、浄土真宗を死の世界の鎖からとき放し、生《せい》の讃歌《さんか》としてとり戻そうではないか。

弥陀《みだ》の本願には老少善悪《ろうしょうぜんあく》のひとをえらばれず。ただ信心を要《よう》とすとしるべし。そのゆえは、罪悪深重煩悩熾盛《じんじゅうぼんのうしじょう》の衆生《しゅじょう》をたすけんがための願《がん》にてまします。

意訳

（阿弥陀の親心にめぐりあう者には、こんな年になったから私はもうだめだとか、こんな境遇にいてはもう私はおしまいだ、などという歎《なげ》きはない。ただ、南無阿弥陀仏の教えに導かれ、育てられていくだけで十分なのである。なぜならば、表面は筋の通った偉そうな事を言っていても、心の中は自分の事しか考えていない私のような最低の人間をこそめざめさせずにはおかないのが弥陀の親心だからである。）

だめな人は一人もいない

いつの世でも若者たちは「私たちはまだ年寄りに抑えつけられているから何もできないが、今に責任をもって仕事をするときがきたら、あれもやりたい、これも実現させたい」と、夢と可能性を頭の中にえがく。そして、「世の中の第一線に立つ者がやるべき事をきちんと実行していないから、世の中は少しもよくならないのだ」と歎《なげ》く。ところが、年をとっていざ自分が第一線に立ったときには、「若い頃はどんな無茶な事でも平気で実行できたが、年をとるといろいろまわりの事も考えなければならないから何もできない」と歎く。そして、「今の若い者がたるんでいるから世の中はよくならない」とこぼす。どう考えてみても、昔にくらべれば、物は豊富になり、生活水準は向上し、何事をするにも便利になり、楽になっているはずなのに、老いも若きも自分のまわりを眺めては「思い通りにならぬ。障害物が多すぎる」と歎いている。みんな自分の今の生活には、あれが足りない、これが足りない、と不足を訴え、その足りないと思うものが満たされれば幸福になれるはずだと思っているのであろう。

だが、あの戦争から戦後の混乱期、年配の世代ならだれでも体験したように、たべる物がない時には芋一つでもダイヤモンドのように輝いて見えたにちがいない。その頃の夢はひもじさに耐えながら「白い飯《めし》を腹一杯たべれたらどんなにすばらしい事だろう」ではなかったのか。ところがそれから三十年。白いご飯を腹一杯たべるなんてことはだれにでも可能なのであろう。だが、そうなったからといって、天に昇る心地で明るく喜びに充ちた生活をしているであろうか。やはり私たちの現実は、その頃と同じように、足りない足りない、とこぼしているのではないか。

たらいで洗濯をしていた時には、電気洗濯機さえあったらと思ったはずである。テレビがない時にはテレビさえあれば、家が持てない時には自分の家さえ持てれば、子どもが無い時には子どもさえあれば、職のない時には職さえ見つかったら、と思っていたのではないのか。手に入れるまでは美しく輝いていたはずなのに、いざ手に入れるといつのまにか色あせてしまっていないだろうか。欲求不満を訴え、やがてそれが実現しても、心からの喜びを味わえずにまた不足を訴えるようになるという空《むな》しさを、私たちは何度体験してきたことか。それなのにどうしてその悪循環を断ち切ることができないのか。

親鸞さまは、そんな愚かな繰り返しを続けている私たちに決して「欲望を抑えられないような人間はだめだ」とか、「そんな意志の弱い者は修行が足りない」などと叱りつける事はなかった。それどころか、「悲しい事だが実は私も同じなのだ」と告白されているのである。私たちの欲望のまなこには、この世は老少善悪というような差別としてしか映らない。だからだれでも「年をとったらおしまいだ」と思うし、「こんな情《なさけ》ない境遇にいては私はもうだめだ」と歎く。みんなどこかに幸せな人、恵まれた人がいると思いこんでいる。そしてその幸せを味わえないみじめな私を呪う。

親鸞さまも、そういう私たちと同じだったのだ。だが親鸞さまは、先生の法然さまとめぐりあって、思っても見なかった阿弥陀の本願を知った。その阿弥陀のこころの世界では今まで一番深刻な問題だった老少善悪の差別など全く問題にならない人生が開かれていたのである。だからこそ親鸞さまは、「欲望を抑えなくてもよい。どんな境遇にいてもよい、ただ阿弥陀のこころとめぐりあう（信心）ことだけが要（かなめ）である」と教えられるのである。

要とは扇子《せんす》の要《かなめ》、つまりとめ金《がね》なのである。とめ金でない部分は材料、扇子で言えば竹や紙などの素材である。どうやら私たちが日頃あれが幸せだ、これが不幸だと思っているものは、実は扇子で言えば素材の良しあしを問題にしているのだ。高価な扇子は、素材の紙や竹が良質なのであろう。安い扇子は材質がよくないのである。しかし、どんなに良質の素材が使われている扇子であっても、かんじんのとめ金、要《かなめ》がしっかりしていなかったら、ばらばらになり扇子の用をなさなくなってしまうではないか。その反対にたとえ素材がよくなくても、少々竹が折れ、紙が破れていたとしても、要《かなめ》のとめ金さえしっかりしていれば、立派に扇子の機能が果たせるではないか。

財力、容姿、地位、学歴、健康などは、すべて人生をかたちづくる素材にすぎない。それなのに私たちは、その素材がよいといって優越感を持ち、材質がよくないといっては悩み、ひがみ、あせり、あきらめているのではなかろうか。老いも若きもみな人生の素材集めにきゅうきゅうとし、その生活に疲れ果てているのが偽《いつわ》らざる現実の姿ではないのか。

阿弥陀の願いは、老少善悪、素材の良しあしを問わない。世の中の常識では、どの学校へ入学したか、という事で人間の優劣をきめる。だが阿弥陀の眼《まなこ》には、それは単なる素材えらびにすぎない。その学校でどういう学生になるか、という方が大問題なのである。仕事をくらべてみて、あの仕事がよい、この仕事はつまらない、と言っているところには救いはない。職人になるのならどういう職人になるのか、会社員になるのならどういう会社員になるのか、嫁に行くならどういう嫁になるのか、という問いを持つところにほんとうの生きがいが開かれてくるのだ。年をとったからだめなのではない。七十になったら七十才の人生がある、八十になったら八十才の人生があるのだ。

阿弥陀の願いは、生活の素材の良しあしにとらわれて、怨《うら》み、あせり、あきらめ、暗さを歎く私の狭い心の垣根をとり払い、どんな素材が自分に与えられていても、その素材を生かして堂々と起《た》ちあがる明るい世界を開く。その阿弥陀のこころにふれて、生き生きと前進していく明るい心こそ、親鸞さまが、人生の要《かなめ》だと言われる信心《しんじん》にほかならない。

しかれば本願を信ぜんには、他《た》の善も要《よう》にあらず、念仏にまさるべき善なきゆえに。悪をもおそるべからず、弥陀《みだ》の本願をさまたぐるほどの悪なきがゆえにと云々

意訳

（だから阿弥陀の親心にめぐりあう者は、自分が何をしても決して威張《いば》れない。なぜならば、どのようなよい行《おこな》いも念仏する者にとっては、おかげさまでやらせていただく仕事だからである。またどんな境遇に身をおいていても決して悲しむことはない。弥陀の親心の世界では、どんな逆境も私のかけがえのない人生なのだから。）

おかげさまで

親鸞さまの浄土真宗の教えは何となく土の匂いがする。それはおそらく大自然のもとで黙々と

働く人によってささえられ、受けつがれてきたからであろう。春に種をまき、苦労を重ねてわが子のように育て、秋になってやっと収穫にこぎつける。その実りを手にした感激など、とても言葉で表現できるようなものではなかったにちがいない。しかし、その大自然を相手に生活してきた人は、収穫を手にしても「俺の力でこの収穫を勝ちとったぞ」というような気持ちはなかったのではないか。きっと「おかげさまで今年も無事に何とか収穫させていただきました」と、感謝し、おしいただいたにちがいない。なぜならば、日照り続きで田畑が干《ひ》あがったり、台風や虫の害に見舞われたら、それこそ収穫はゼロになることもある。そういう事を骨身にしみて知っているからである。私一人の力ではどうにもならない事がよくわかっていればこそ、一粒のご飯も、もったいない、といただくことができたのであろう。子どもの頃、初物《はつもの》がとれたといっては仏前にそなえ、近所からおはぎをもらったりしたら、まず仏さまにあげてからと、おあずけの躾《しつけ》を受けた思い出を持つ人も多いにちがいない。どんなに辛《つら》い仕事をしていても、おかげさまで、と笑顔を見せ、子どもが生まれれば授《さず》かりものとして大事に育てていく心の世界があったのだ。

世の中は大きく変わりつつある。直接自然に親しむ仕事をする人は少なくなり、間接的にしか自然を感じない人が大巾《おおはば》にふえてきた。そうなるといつのまにかあの土の匂いのするおかげさまでという世界がわからなくなってきたようである。手を合わせ「いただきます」と拝む人も少なくなった。「俺がかせいできたものを俺がたべるのだから感謝する必要などあるものか」とか、「私が自分のお金で買ってきたのだから、これは私のもの。残そうと捨てようと私の自由じゃないか」という理屈が堂々とまかり通る世の中である。「仏さまにあげたって、木や絵の仏さまがたべるわけでもあるまいし、それより新鮮なうちにたべる方がおいしいじゃないか」と、仏壇にそなえものをするおばあさんを批判する子どもがいる。「いただく食事」はいつのまにか忘れられ、犬や猫のように「喰う食事」しかできなくなったようである。

親の子ども観も大きく変わりつつある。子どもは授《さず》かるものではなくなって、親が自由につくるものという意識が強くなった。したがって生まれてきた子どもはビニールハウスの促成栽培のように親の計画通りにつくりあげていく商品と同じではないか。私は子どものためを思ってやっている、と、おかあさんたちは思っているようだが、実際には子どもは親の虚栄心を満足させるアクセサリーと化し、人間尊重の姿勢などどこにも感じられないのであろう。

大地から浮きあがった人間さまは、偉くなりすぎたために大事な人間の心を見失いつつある。おかげさまの世界は、損か得かというソロバン勘定《かんじょう》の上では決してもうかる世界ではない。だがその生活には汲めどもつきることのないあたたかな心が流れている。もうからなくても明るく生き生きとしているのである。その反対に、おかげさまを忘れた世界は非のうちどころのない理屈で武装され、とても偉そうに見えるけれども、その生活は結局良質の素材集めであって、それが手にはいらなければ、身の不運を歎かなければならないのであろう。

阿弥陀の本願に呼びさまされた世界では、偉そうに見える人でも、不遇の人も全く同じ。それぞれの人生の素材を背負い生き生きと輝いている。いつのまにか油の切れたさびついた機械のように、ギスギスと理屈の中にとじこもっている私の心を、あの土の匂いのするおかげさまの世界にうるおそうではないか。

第二章

（歎異抄・聖典六二六～六二七頁）

一、おのおの十余《じゅうよ》か国《こく》のさかいをこえて、身命《しんみょう》をかえりみずして、たずねきたらしめたまう御《おん》こころざし、ひとえに往生極楽《おうじょうごくらく》のみちをといきかんがためなり。しかるに念仏よりほかに往生のみちをも存《ぞん》知《じ》し、また法文等《ほうもんとう》をもしりたるらんと、こころにくくおぼしめしておわしましてはんべらんは、おおきなるあやまりなり。もししからば、南都北嶺《なんとほくれい》にも、ゆゆしき学生《がくしょう》たちおおく座《おわ》せられてそうろうなれば、かのひとにもあいたてまつりて、往生の要《よう》よくよくきかるべきなり。親鸞《しんらん》におきては、ただ念仏して、弥陀《みだ》にたすけられまいらすべしと、よきひとのおおせをかぶりて、信ずるほかに別の子細《しさい》なきなり。

意訳

（あなたがたが、今までいのちがけで道を求めてこられたその目的は、ただひとえに、見せかけの幸せにとらわれない明るい生き生きとした人生をあきらかにしたい、という事にちがいない。それなのに今まであなた方と一緒に歩んできた念仏の人生のほかに、もっとすぐれた道があるのではないか、とか、あなた方の知らない秘密の仏教理論を私が知っているのではないか、などと疑っておられるならば、それはとんでもない誤解だと言わなければならない。もしそういう事に納得がいかないとしたら、奈良や比叡山にすぐれた仏教学者が大勢おられるから、その人たちにお会いになって、明るい人生に眼をひらくための要《かなめ》となる理論を心ゆくまでお聞きになるがよい。この親鸞は、ただ南無阿弥陀仏の教えに導かれて阿弥陀の世界に生きよ、と勧められる法然さまの教えの通りに生活しているだけなのである。）

理屈などいらない

「念仏しても何のご利益《りやく》もないじゃないか、そんな念仏を続けていくと地獄に落ちるぞ」と念仏を批判する人たちが関東の地にあらわれた。だが、はじめのうちは、昔、親鸞さまのもとで教えを受けたことのある人々は、もちろんこのような非難に耳をかさなかったにちがいない。だが数の力というものは恐ろしい。そのような批判勢力が大きくなってくると、今までゆらぐはずがないと思っていた自信がぐらぐら根底からゆれ動きはじめる。いつの世にあっても、これを信じれば不幸がなくなる、病いが治《なお》る、商売がうまく行く、と、目さきのご利益を繰り返し繰り返し説かれると、はじめは「そんなばかな事があるものか」と、問題にもしなかった人も、「あの人も信じたのでたたりがなくなった」とか、「あの人は念仏をやめたから病気が治《なお》った」などと、証拠までつきつけられて説得されているうちに「もしかしたらほんとうかもしれない」と、心が動揺しはじめるものである。そして知らず知らずのうちにその仲間に加わり、そのご利益《りやく》を讃《たた》える集団の中にいると、あたかも酒に酔ったように自分が救われたような錯覚をおこし、感激にむせび泣くような雰囲気がかもしだされる。そんな狂信的な姿を見ていると、今まで念仏の教えに育てられてきた人たちまで不安を持つようになる。「ことによったら親鸞さまも特別な修行で救われたのではないか。もしそうだとしたら馬鹿正直に言われた通りに念仏してきた私たちこそいい面《つら》の皮だ」という疑いが生まれる。あるいはそういう人に対して、「親鸞さまがうそをつくはずがない。言われた通りに念仏していればよいのだ」と叱りつけ、動揺する自分の心に言いきかす人もでてくる。

そしてついに不安に耐えきれず、京都までいのちがけで足を運んだ人たちを前に、親鸞さまは「あなた方の道を求める目的は何だ」と問いつめられている。これはとてもきびしい言葉なのである。私たちの日常生活では、何事も新鮮なうちはよいが、その事に慣れてくるとだんだん感激がうすれ、マンネリの生活に戻ってしまう。念仏の教えを聞くのも同じこと。私のみじめなあきらめの姿勢をうち破り、明るい生活の方向がはっきりしてきたはずなのに、耳なれてくるといつのまにか念仏というお城にとじこもり、その教えを批判したり、ばかにしたりする者が現れると、眼の色を変えて、相手を敵視し、相手をやっつけないと気がすまなくなる。自分では、尊いお念仏の教えを守るために論争しているつもりなのだが、実際にはお念仏を利用して自分の自尊心を傷つけないように意地をはっているだけであろう。「念仏など信じてばかを見た」と言う人も「念仏を非難する奴はけしからん」と憤《いきどお》る人も、自分では気がついていないが、ぬくぬくと安眠をむさぼれる生活をこわしたくない、という点では全く変わりないのである。だかこそ親鸞さまは、「私たちの今一番大事な問題は、念仏が正しいかまちがっているか、ではなくて、私の生活が生き生きとしているだろうか、というところにある」と問題の焦点をはっきりさせているのである。

問題の本質を忘れると、寒々とした理屈の骨組だけが残ってしまう。例えば、風呂からとびだしてなかなか衣服を着けようとしない子に「早く着ないと雷さんにおへそを取られますよ」と、おかあさんが注意する。そうすると現代の子は必ず「雷なんて電気だ。へそなど取るわけがないだろ」と口答えする。そんな時へそ取り論争をやって行くと、おかあさんはだんだんイライラし、子どもは意地を張って理屈をふりまわし、最後は子どもを泣かせ、おかあさんも後味《あとあじ》のわるい思いをせねばならない。本筋を忘れなければ事は簡単なのだ。子どもが早く服を着さえすればよいのだから、子どもが理屈を言いはったら「そうだね」と相槌《あいづち》をうって手の方は休まずに子どもをつかまえて着せてしまえばそれでよいのである。理屈の争いになると、必ず勝つか負けるかだけが問題となり、自尊心の傷つけ合いになるだけである。夫婦げんかをするとその事がよくわかる。始めは必ずはっきりした意見の対立がある。ところが感情的になってくると、かんじんの論争点などどうでもよくなって、ただ体面と意地の張り合い、相手に勝つことだけしか考えなくなるではないか。

親鸞さまは「自分自身の人生の一大事を問題にせずに、他と論争して勝つための念仏の理論を学ぼうと思うのなら、最高学府比叡山を勝手に退学して法然さまのもとに走った私のような野僧にたずねるよりも、今をときめく奈良や比叡山の権威のある学者先生の理論を学ぶ方《ほう》があなた方のためになるであろう」と突き放されている。親鸞さまは、念仏論争などして、相手をやりこめ、自分の自尊心を守る必要など何もなかったのであろう。「私はただ法然さまの教えのように」という心境はちょうど幼い子が「おかあさん」と呼ぶのによく似ている。そこには「なぜおかあさんと呼ぶ必要があるのか」などという理屈はない。それは真宗の先学、暁烏《あけがらす》敏《はや》先生が「十億の人に十億の母あれど、わが母にまさる母ありなんや」とうたわれたように、その子どもにとっては、理屈抜きでそのおかあさんでなければならないのである。自分の口から出た「おかあさん」という言葉の中に、子どもは決して自分を見捨てることのないあたたかい心のはたらきを味わっているのだ。

親鸞さまが「南無阿弥陀仏」と念仏するときには、その仏の名の中に自分を絶対に見捨てることのない阿弥陀の本願が生きていたのだ。そのこころにめぐりあうとき、どうでもよい事にとらわれて、意地だ、体面だ、面子《めんつ》だと言ってくよくよ生活している狭い心の垣根がとり払われて、理屈も、言いわけもいらなくなっていたのである。

念仏は、まことに浄土《じょうど》にうまるるたねにてやはんべるらん、また、地獄《じごく》におつべき業《ごう》にてやはんべるらん。総《そう》じてもって存知せざるなり。たとい、法然聖人《ほうねんしょうにん》にすかされまいらせて、念仏して地獄《じごく》におちたりとも、さらに後悔《こうかい》すべからずそうろう。

意訳 （念仏はほんとうにあなた方が考えるような極楽浄土に生まれる種子なのか、それともあなた方が考えるような地獄へ落ちて行くいとなみなのか、そんな事は私には何のかかわりもないことだ。私はたとえ法然さまにだまされて、念仏に導かれて地獄へ落ちたとしても、何の後悔もしないのである。）

正直者はばかを見ない

親鸞さまは昔、関東の地で一貫して念仏して浄土に生まれる道を説いておられたのだから、今さら、念仏は極楽行きか、地獄行きか、そんな事はどうでもよい、などと言うのはとても無責任に聞こえるかもしれない。だが忘れてはならない事は、仏教の用語ほど誤解されやすいものはない、という事である。「地獄極楽なんてあるわけないだろ。だれも見た者はいないし、信じられるはずがないではないか」と、近頃では小学生でも勝ち誇ったように批判するではないか。しかし問題は、地獄、極楽などない、と批判する人が頭の中にえがいている「地獄、極楽」とは何か、という事である。みんなわかったような顔をして、「地獄、極楽などあるはずがない」と言うけれども、私たちが頭の中に考えているような地獄、極楽など、はじめからどこにもなかったのではなかろうか。「昔の人は迷信深かったからそういうものを信じたけれども、現代人の私はそんな事を信ずるほどばかじゃない」とでも思っているのではないか。しかし、昔の人はほんとうにそれほどばかだったのだろうか。今、子どもでも信じられないようなお伽話《とぎ》を、法然さまや親鸞さまがいのちがけで求めるはずがないではないか。『歎異抄』を学ぶとき、忘れてはならないことは、自分の先入観ほどあてにならないものはない、という事であった。阿弥陀、本願、念仏、浄土などの大事な言葉について、自分勝手に解釈してはじめからまちがった先入観を抱いてはいないだろうか。同じ言葉が使われていても、その言葉の意味が人によって違うのでは、対話などできるはずがないではないか。

関東から上洛《じょうらく》した人々を前に、もし親鸞さまが「今さら何を言うか。念仏さえすれば必ず浄土往生まちがいなし。疑うのは勉強が足りないからだ」などと教えたらどうなったであろうか。おそらく人々は「親鸞さまがそう言われるのだから絶対まちがいない」と、一応安心して帰路につくであろう。だがやがて前と同じように「念仏は地獄行きのばち当たりの生活だ。あなた方はだまされているのだ。その証拠にはあの人も念仏したために病気が重くなったではないか。あの家は念仏など信じたから火事に見舞われたではないか」と脅《おびや》かされるならば、また「そうかもしれない。このまま念仏していてよいのだろうか」という不安が頭をもたげてくるにちがいない。

親鸞さまが言うのだからまちがいない、と思いこもうとするのは権威主義である。みんな虎の威を借りる狐になっている。権威に盲従する者は自分の都合のよい間はそれに満足して、その権威をふりまわしているが、一旦その権威が落ち目になると、「あんなものを信じてばかを見た、損をした」「あんな人の言う事を信じなければよかった」と怨《うら》み歎《なげ》かなければならない。

例えば、色つき食品でも、洗剤でも、薬品でもテレビなどで宣伝され、みんなが競争して手に入れようとしている時には、それを使わなければ時代遅れのような気がしていたにちがいない。それが一旦、研究室の実験台にのせられて、発ガン性物質が含まれているなどという判定がくだされると、一転して今まで神さまのようにあがめられていた大メーカーが大悪党に変身し、「あんな物を買わなければよかった」「私たちはだまされていた。責任をとってくれ」と開き直らなければならない。公害の人体実験をするような悪質の企業は、もちろん批判されなければならない。しかしそれと同時に、底無しに肥大していく欲望を目あてにつくった釣竿《つりざお》につけられた、見せかけの権威のえさに、だまされて喰いついて行く愚かな私を忘れてはならない。

親鸞さまを絶対的権威にまつりあげてしまうと、私の人生に私が責任をとる事ができなくなる。だから都合のよい時だけ、自分が念仏者であることを喜ぶけれども、いざ自分が都合わるくなると、全責任を親鸞さまになすりつけ、自分は高処《たかみ》の見物席に逃げてはいないだろうか。

たとえだまされて地獄へ落ちてもよい、と言うのは、決してやせがまんで言っているのではない。全責任を背負って生きる人の言葉なのである。よく、正直者はばかを見る、と言うけれども、ばかを見るような者はほんとうの正直者とは言えないのではなかろうか。あとでばかを見るのは、はじめから疑いがつきまとっていたからであろう。幼児を観察すればその事ははっきりする。現代のイライラ病にかかった恐ろしいおかあさんに、どんなにどなられても、いや味を言われても、泣きながらでも「おかあさん、おかあさん」と、あとについて行くではないか。絶対信頼の世界では、安心して泣き、だだをこね、ふくれっ面《つら》ができるし、おかあさんもまた、本気になってどなりつけることができるではないか。

そのゆえは、自余《じよ》の行《ぎょう》もはげみて、仏《ぶつ》になるべかりける身《み》が、念仏をもうして、地獄にもおちてそうらわばこそ、すかされたてまつりて、という後悔もそうらわめ。いずれの行もおよびがたき身なれば、とても地獄は一定《いちじょう》すみかぞかし。

意訳

（なぜならば、もし私の歩む道がたくさんあって、その中から念仏の道をえらんだために ひどい目に会ったのなら、先生にだまされて こんな道をえらんで ばかを見た、という後悔もあるかもしれないが、この道を歩むよりほかに私の人生はないことがわかったかぎり、たとえその途中で傷だらけになっても、ただ黙々と生き抜いて行くだけなのである。）

代理人はやめよう

娘さんが嫁に行けば、だれが見てもまちがいなくその嫁《とつ》ぎ先がその人の家なのであろう。ところが実際にその家に身を置くようになっても、まだ自分の生まれた家を「実家《じっか》」と呼ぶのはなぜだろうか。生まれた家が「実家」なら、嫁ぎ先の今生活している家は「仮の家」になってしまうではないか。

嫁入りする時にはだれでも夢をえがき、可能性を信じて行くのであろう。結婚式をすませ、まわりから祝福されて新生活を始めた花嫁の顔は喜びにあふれている。ところが、それから踏みだして行く実際の家庭生活は、そんな甘い公式通りには動いて行かない。だから嫁ぎ先での生活が自分のつくった青写真通りになっている間は「嫁いできてよかった」と、この家こそ私の家だと思っているが、ひとたび自分の期待が破れると、「こんなはずではなかった。実家へ帰りたい」と、自分の境遇をのろい、その家は、仮に身を置く家に変身する。身体は嫁いで来ているのに、心は生家に置き忘れてきているらしい。

ところが十年二十年と、家庭の主婦としての苦労を重ね、その家に根をおろすようになると、どんないやな目にあっても生家へ帰りたいなどとは思わなくなる。楽しいうれしい時だけが私の人生ではなく、つらい苦しい時もまた、まぎれもない私の人生なのだ、という事が理屈ぬきで身についてくるのであろう。実家と仮の家はここで逆転し、ほんとうの地に足のついた生活がたくましく息づいてくる。

仮の家に住む者は、その生活はあくまでも実の家の代理生活にすぎない。高校生や大学生の若い世代に何とこの代理人の多くなったことか。さまざまな事情で自分がはじめ希望していた学校へ進むことを断念して、他の学校へ仕方なしに入学する。その時には、先生の意見に従って、あるいは親と相談の上、とにかく自分の道を決めたのであろう。だが、そこに親鸞さまのような「地獄行きの道であっても後悔しない」という決断があるのだろうか。その姿勢が確立されていないと、学校生活が楽しいうちは「この学校へ来てよかった」と思っているが、いざ学校生活がつまらなくなったり、自分の学校が他校と比較されて軽蔑されたりすると、一転して自分の学校を冷やかに見ている世間の傍観者の仲間になって、自分の学校を白眼視し、「親や先生の言うことをきいてばかを見た」「あの学校に入学していたら、きっと生きがいのあるすばらしい生活を送れたのに」とためいきをつかなければならない。自分がまちがいなく今身を置いている学校なのに、自分の心はそれを認めたくない。そのために私が身を置いている実の学校が、いつのまにか自分がはいりたかった学校の代り、つまり「仮の学校」になってしまっている。だが、どんなに自分の学校を仮の学校に追いやろうとしても、いくら世間の眼に同調して自分が身を置いている学校を批判しても、その学校はまちがいなく私の学校なのだから、実際には自分で自分を軽蔑《けいべつ》し、見放している事になる。そんな自分で自分をだめにする生活が明るくなるはずがないではないか。

親鸞さまは、そういう代理人の生活に悩まなければならない私たちに、次のように語りかけられている。

罪業《ざいごう》もとよりかたちなし
妄想顛倒《もうぞうてんどう》のなせるなり
心性《しんしょう》もとよりきよけれど
この世はまことのひとぞなき

『愚禿悲歎述懐和讃《ぐとくひたんじゅっかいわさん》』

(悲しい境遇など本来あるはずがないのに、私たちの欲望のまなこを通してみると、暗い人生だ、と言って歎かなければならない。ほんとうは明るい人生が約束されているのに、みんなどうして仮の家にしがみついて、生き生きとした真実の世界に眼を開こうとしないのだろうか。)

親鸞さまが受けとめられた念仏、南無阿弥陀仏は「おまえはどうなってもよいぞ」という阿弥陀如来の絶対保証の声にほかならない。そのどうなってもよい、というのは、決して捨てばちになって、やせがまんで言うのではない。やけになって「どうなってもよい」と言う人がいるが、それは決して本音《ほんね》ではない。売り言葉に買い言葉、むしゃくしゃしてもののはずみでそう言ってしまうだけだから、それでは生活は明るくはならない。阿弥陀のこころに生きる、という事は、病気になってもよい、年をとってもよい、思いがけない悲しい事にぶつかってもよい、と、全部引き受けて生きる事にほかならない。だが、そんな事は常識の世界ではありえない事だ。いやな事にはだれだって会いたくないし、病気になったり、年老いて行く事は悲しいにきまっている。だが、阿弥陀の世界ではだめな者が生まれ変わるのだ。病気はいやな事、自分の力ではどうにもならない。だからこそ全部まかせるのだ。医者に指示されたらその通りにする。痛かったら痛いと言えばよい。恥も外聞《がいぶん》もない。意地を張ったり、かっこうよく振舞う必要などさらさらない。それならばすべてまかせれば病気は治るか。そんなことはわからない。なぜならば、治るかどうかは私が決めることではないのである。これがおまかせの世界なのだ。

年をとると心細くなるし、ひがみっぽくなる。鏡を見ても老いの身は決して美しくはない。若い人が躍動している姿を見ると、ついためいきをつく。そういう暗い私が「どうなってもよいぞ」という呼びかけを南無阿弥陀仏の六字の名号《みょうごう》のうえに聞いて行くのである。そのこころにすべてをまかせるのである。七十代には七十代の人生があり、八十代には八十代の人生がある。若い時だけが人生ではない。「若い頃はよかった。それなのにこんな悲しい姿になってしまって」と老いの身を歎いたり、「まだまだ若い者に負けてなるものか」と、年がいもなく意地を張ったり、「年寄りを粗末にするとバチがあたるぞ。おまえたちだってすぐこうなるんだから」などと、ひがんでいる心の世界は決して明るくないではないか。すべて阿弥陀のこころにまかせる人生にあっては、病気で半身不随になって寝こんでも、その場こそ私の大事な人生学習の場、気がねせず、無理をせず、自分の道を行くのである。私たちはすぐ「何もできなくなったし、人の迷惑になるばかりだ」と歎く。だが今一番大事なことは、私の境遇はあくまでもご縁のもの、「あの時こうなってさえいたら」と愚痴をこぼすまえに、まず自分が明るくなることである。自分が他人を明るくするなどという大それた事などできないが、自分が阿弥陀のこころにふれて明るくなることはだれにでもできる事なのである。

自分の運命を歎く時、私たちは必ず、私は今ここに立って生きている、という事実を受け入れようとしていない。今私がいる場所こそまぎれもない私の実家なのに、それを認めず幻の実家を頭の中にえがき、そこに逃げこもうとしてはいないか。そうなると何をやっても暗くなるだけ。親鸞さまは今日も、たとえ地獄の中でも逃げることなく自分の足で、しっかりと踏みしめて行こう、そこにしか私の実家はないのだから、と呼びかけられているのである。

弥陀《みだ》の本願まことにおわしまさば、釈尊の説教、虚言《きょごん》なるべからず。仏説《ぶっせつ》まことにおわしまさば、善導《ぜんどう》の御釈《おんしゃく》、虚言《きょごん》したまうべからず。善導の御釈まことならば、法然のおおせそらごとならんや。法然のおおせまことならば、親鸞《しんらん》がもうすむね、またもって、むなしかるべからずそうろうか。詮《せん》ずるところ、愚身《ぐしん》の信心《しんじん》におきてはかくのごとし。このうえは、念仏をとりて信じたてまつらんとも、またすてんとも、面々《めんめん》の御《おん》はからいなりと云々

意訳　(阿弥陀の親心がこの胸にひびく時、お釈迦さまの教えのすばらしさが実感として

私に迫ってくる。お釈迦さまの教えの深さにふれる時、その教えを生きる灯《ともしび》とされた善導さまの心のゆたかさがしのばれる。善導さまのこころを知る者は、その教えに身も心もささげられた法然さまのお言葉がどうして偽《いつわ》りだなどと言えようか。法然さまの生き生きとした明るい姿を仰ぐ者には、その教えをいただいて生きる私、親鸞の言う事もわかっていただけるであろう。

つまるところ、この愚かな私に生き生きと働きかける信心とは、そういうものなのである。だから、念仏の教えをひもとくにしても捨てるにしても、いずれにせよ自分勝手な理屈をたてて狭い世界にとじこもることのないように、自分を大事にして行こう、と親鸞さまは教えてくださった。)

めぐりあいが私を変える

親鸞さまは、お釈迦さまの言葉だから信ずるとか、法然さまが言われた事だからまちがいない、というような権威にふりまわされる人ではなかった。それは二十年もの間、最高学府比叡山で学んだのにもかかわらず、ぬくぬくとした権威のかさをふり捨てて、仏教の本筋からはずれているると思われていた法然さまの許《もと》に走られた事でも推察することができる。その当時の法然さまは決して仏教の正統派として認められてはいなかったのであるから、権威ある比叡山仏教を修めてきた親鸞さまが、その法然さまの許《もと》に頭をさげて通うという事は、よくよくの事情があったにちがいない。比叡山は当時の仏教学の最高権威であった天台の学場、そこにお釈迦さまの仏教理論が集大成されていたにちがいない。だが親鸞さまはそこでお釈迦さまの教えの通りに修行を続けても、迷いは深まるばかりであった。親鸞さまは次のように歎かれている。

末法五濁《まっぽうごじょく》の有情《うじょう》の
行証《ぎょうしょう》かなわぬときなれば
釈迦《しゃか》の遺法《ゆいほう》ことごとく
龍宮《りゅうぐ》にいりたまいにき

『正像末和讃《しょうぞうまつわさん》』

（お釈迦さまの生き生きとした教えから遠く離れてしまった今、みんな自分勝手な解釈に明け暮れ、今何をすべきかという事がわからなくなってしまった。そのために誰一人としてめざめる者はいなくなったではないか。せっかくお釈迦さまが残してくださった生きた教えはことごとく観念の世界にもてあそばれているだけである。こんな悲しい事があろうか。)

親鸞さまにとって、伝統や権威という俗世間の飾りは、何の意味もなかったのであろう。どんなに理路整然と、さとりへの道が説かれていても、自分自身をゆり動かして行くたくましいエネルギーはもうそこにはなかった。念仏の教えを説く法然さまは、比叡山の学僧たちの眼から見れば、あきらかに本線からはずれたローカル線を歩みだした異端者にすぎなかったのであろう。だが親鸞さまは、その人の許《もと》に集まり念仏する人々の顔が、安らぎと喜びに充ちているのを見てとったにちがいない。親鸞さまは、悩みに悩んだ末、見栄も外聞も捨てて、自分が生きる道をえらんだのである。

私たちは「それは親鸞の独断ではないか、法然の教えが正しいとはかぎらないではないか」という疑問を抱く。だが親鸞さまは、法然さまの教えが理屈に合っているから信じたわけではないし、法然さまが偉い人だから従ったのでもない。遠くからながめていた法然さまと、実際にめぐりあって対話した法然さまとは、全くイメージがちがったのであろう。親鸞さまはその人に会ってびっくりしたにちがいない。今まで出会った偉い先生たちと生活そのものは別に変わりないのに、何となく底無しに明るかったにちがいない。その人と対面しただけで、今まで深刻に悩んでいた事がどうでもよくなったのだ。生気を失っていた自分の奥底から噴水がほとばしりでるように生きる力がもりあがってきたのであろう。そうでなかったらどうして「法然さまにだまされても少しも後悔などしない」と言いきる事ができたであろうか。

親鸞さまが先生から教えられたのは、その明るい活力の根源こそ、阿弥陀の本願であるという事であった。生きかえった親鸞さまの眼に映ったものは、すでにその本願によってお釈迦さまも、善導さまも、法然さまも明るい人生にめざめていた、という事実であった。それだけではない。気がついてみたら、念仏の教えに育てられて阿弥陀の世界に生まれた無数の先輩たちが、「よくぞめざめてくれた」と、ほほえんで待っていてくれたのである。

親鸞さまは、信心が要《かなめ》であると教えられた。その信心は、自分が何かを信ずる心ではなく南無阿弥陀仏のこころをたずねていく人に開かれてくる心である。本願寺中興の人といわれる蓮如《れんによ》さまは次のように教えられている。

一宗の繁昌《はんじよう》と申すは、人の多くあつまり、威《い》の大《おおい》なる事にてはなく候う。一人なりとも、人の、信を取るが、一宗の繁昌《はんじよう》に候う。

『蓮如上人御一代記聞書《れんによしようにんごいちだいききがき》』

(浄土真宗が盛んになるという事は、大勢の人を集め、大きな組織をつくって威張る事ではない。一人でもいいから南無阿弥陀仏のこころをたずねて行く人がでてくれば、それが真宗が盛んになるという事なのだ。）

私の宗教は「浄土真宗」だ、というのは、真宗の寺の檀家だ、という事ではない。南無阿弥陀仏の教えに出会い、南無阿弥陀仏のいわれを聞き、南無阿弥陀仏のこころの中に生きる喜びを見いだした人こそ真宗門徒なのであろう。

「仏教など信じて何になる」とか、「念仏など何の役にもたたぬ」という声は、今の世の中ではとても偉そうに聞こえる。仏教のような古くさいものを批判できないようでは、現代知識人の仲間入りはできない、とでも思っているのだろうか。

「馬の耳に念仏」「豚に真珠」という言葉がある。法然さまや親鸞さまがいのちがけで求め、生きる喜びを与えてくれたお念仏が今伝えられていても、そのこころをたずねようともしない。昔の人たちが豊かな言葉の表現であらわしてくれた教えを、お伽《とぎ》話、架空の話として一笑する。それはどう見ても精神的貧困だといわなければならない。

親鸞さまは決して念仏を信じないとバチがあたるなどとは言わない。念仏は他人に強制する必要のないものである。他人からおしつけられた念仏をどうして喜べようか。だが、親鸞さまの生き生きとした明るい姿にふれた人たちは、念仏せよなどと誰にも強制されなかったけれども、自分がほんとうに人間らしく生きるか（念仏をとるか）、それとも欲望の命ずるままに幻の幸福を追いかける生活にうずもれるか（念仏を捨てるか）という二者択一を迫られている身であることを、深く感じとったにちがいない。念仏はどこまでも私一人の問題なのだから。

第三章

（歎異抄・聖典六二七～六二八頁）

一、善人《ぜんにん》なおもて往生をとぐ、いわんや悪人《あくにん》をや。しかるを、世のひとつねにいわく、悪人なお往生す、いかにいわんや善人をや。この条《じょう》、一旦《いったん》そのいわれあるににたれども、本願他力の意趣《いしゅ》にそむけり。

意訳

（できのよい人でも明るい生き生きとした阿弥陀の世界に向かうことができるのだから、ましてやできのわるい者はだめだなどということはありえない。ところが世間の常識ではいつも、できのわるい者が救われるなら、ましてやできのよい人が救われるのは当然だ、と言う。ちょっと考えると、その意見の方が正しいような気がするが、それは、阿弥陀の親心の深さにまだ気づいていないのである。)

頭がさがるだけ

善人が救われるなら、まして悪人が救われるのは当然だ、と言うのだから、はじめてこの言葉にふれた人はだれでも首をかしげるにちがいない。だれが考えたってこんな非常識な言葉はないからだ。私たちが小さな時から教えられてきた事は「よい事をせよ、わるい事をするな」であるから、そのわるい事をした人が先に救われるなどという事を、うなずけと言われても無理なのであろう。

だが、親鸞さま自身も、この「善人なおもて往生をとぐ、いわんや悪人をや」という言葉が常識的ではないという事は、十分承知の上の事なのである。その証拠には「しかし世の人はその反対の事を言う」と、すぐあとに念を押されている。そうすると日頃、私たちが常識だ、あたりまえだ、と思っている事に何か大きな落とし穴があるのではなかろうか。そうでなかったら親鸞さまはわざわざ人騒がせな事を言う必要がないではないか。

この『歎異抄』の第三章は、悪人正機《あくにんしょうき》（できのわるい者こそ阿弥陀さまの救いのおめあて）の教えとして世に知られている。高等学校の日本史や倫理社会の教科書や参考書にもよく引用されていて、これが親鸞さまの言葉だということはみんな知っているのだが、これほどわかりにくい言葉もまた珍しいのであろう。だから学校の先生たちがこの文章にぶつかると悪戦苦闘しなければならない。さまざまな文献を調べて、悪人とはその当時どういう意味に使われていたとか、善人とはどういう階級の人をさす言葉だとか、いろいろ苦労して理屈をつけなければならない。だがその先生が「悪人が救われるなら善人は当然」という常識的な発想に何の疑いも持っていなければ、どんなに苦労してもその説明にはどこか無理があるのではなかろうか。どんなに上手に理論づけても、悪人はわるい奴、善人はよい人なのだから、小学生だって納得するはずがないではないか。

私たちの日常生活をよく観察すると、よい事をやった人が報いられずに、要領よくわるい事をしている人がうまい汁を吸う、という事が多い。そういう時、「正直者はばかを見る」と言っては歎《なげ》き、腹をたてる。その場合私たちは「少なくとも私はあんな悪い事をする人間ではない」と思っている。交通事故、スピード違反、酔払い運転でも同じ。他人が違反をした時には、「あんな奴がいるから交通事故が続発するのだ。厳重に処罰すべきだ」と思う。ところが自分がその当事者となったら風向きが違ってくる。「あの時、急に横から道路へとびだしてきたので、やむをえなかったのだ」とか、「この程度のスピードならだれでもだしている。私は運がわるかっただけだ」とか、「少しぐらい飲んでいたって人の迷惑にならないならいいじゃないか」などと、盛んに弁解するのではなかろうか。他人がやると大悪党に見えるが、自分がやった時には必ずやむをえない事情があるのであろう。他人が罪を犯した時には裁判所の裁判官となり、自分が罪を犯せば弁護士にさっと変身する。私たちが常識と呼んでいるものは、自分を抜きにして考えた観念の世界ではないのか。「近頃は人間の質がわるくなった。ろくな奴がいない」と歎く時には、私はそのわるい奴の中にはいないのであろう。「電車が混んでかなわぬ」と言う時にも、その加害者の中に自分は含まれていない。「陰でこそこそわる口を言うなんて卑劣な人だ。面と向かって堂々と言ってくれればよいのに」と言うのも、他人が私のわる口を言う時にかぎられており、自分が他人にわる口を言う場合にはあてはまらないのであろう。

親鸞さまが、考え、発言し、実行する時の依り所は、決して遠くから世間をながめて、あの人は善人、あの人は悪人と論評する物差しではなかったのだ。なぜかというとその物差しは他人にあてはめることはできても自分には役に立たなかったからである。

善悪という事が問題になる一番身近かな場所は学校であろう。学校の先生は生徒をペーパーテストのふるいにかけて、この子はできるよい生徒、あの子はできないだめな生徒というレッテルを貼る。ある一定の基準を設けて、それ以上はよい子、それ以下は人間のくず、というように四捨五入や切り捨てをしてはいないだろうか。切り捨てができるのは他人の子どもだからである。同じ子どもでもその子のおかあさんの眼を通すと、もうその物差しは使えなくなる。先生に切り捨てられた子どももおかあさんにとっては、かけがえのないわが子にちがいないからである。学校に呼びだされて担任の先生から「お宅の子どもさんは困りますね」と苦情を言われればただ頭がさがるだけ。ばかだと言われようと、悪党だと言われようと、母なるが故に全責任を持ってその子を育てていかなければならない。おかあさんはできのよい子だけを拾い、できのわるい子を切り捨てるなどという事はできない。子どもがわるい事をすれば「あんな子の親の顔を見たいものだ」と非難される。子どもが救われなければ親もまた救われないのである。

学校の先生の眼から見れば「よい子はよろしい、わるい子はだめ」なのであろう。それが世間の常識だからである。だが親の眼から見るならば「よい子の方は放っておいても大丈夫だが、できのわるい方は何とかしてやらねばならない」というのが本音であろう。親であるかぎり、世間の人たちのように見物席にすわって、善悪のレッテルを子どもに貼りつけて論評しているわけにはいかない。子どもを悪人に仕立てて、自分だけが善人の席にすわっていることはできないのであろう。

『歎異抄』の悪人は、先生の眼から見たできのわるい子ではない。「おまえの子はだめだ」と言われてもだまって頭をさげるよりどうしようもないおかあさんの姿なのだ。世の中にはよい人とわるい人がいる。よい人は救われてあたりまえ、わるい人は心を入れかえなければ切り捨てられても仕方がない、と高い善人の見物席から判断をくだしているところからは、この『歎異抄』はまだまだはるかかなたの書物にちがいないのであろう。

そのゆえは、自力作善《じりきさぜん》のひとは、ひとえに他力をたのむこころかけたるあいだ、弥陀《みだ》の本願にあらず。しかれども、自力のこころをひるがえして、他力をたのみたてまつれば、真実報土《しんじつほうど》の往生をとぐるなり。

意訳

（なぜならば、私が努力さえすれば必ず幸せになれると思っている人は、自分が気がついていない自信過剰のために、阿弥陀の親心がわからないからである。けれども、うぬぼれの鼻がたたかれて、私の愚かさが身にしみて感じられるようになると、だれでもまちがいなく思いがけない明るい生き生きとした私に生まれ変わることができる。）

うぬぼれているのは

仏教の言葉が日常生活の中へ溶けこむと、みんなに親しまれるようになるけれども、だんだん本来の意味が見失われて、全く違った意味の言葉となって定着してしまう。それは私たちの生活そのものが、自分の都合のよいように、楽な方へ楽な方へと動いていくからであろう。だから言葉も自分の都合のよいように解釈されて行ってしまうのである。同じ仏教といわれているものでも、さまざまなかたちで説かれ、あらわされているが、特に浄土真宗の教えは、念仏して浄土に生まれて行くというように、理論的に考えるというよりも感情に訴えていくように表現されている。だから理詰めで押して行こうとする合理的な発想をする人たちには、なかなかわかりにくいのであろう。だが、感情の対話であったからこそ何の修行も学問もできない愚かな者であっても身にしみてよくわかったにちがいない。浄土真宗はやはり名もなき庶民のための教えだったのである。めんどうな理屈はわからなくても、心と心が通い合う中で語られ、うなずかれてきたのである。

自力、他力、という言葉も、その言葉の持っている感情の世界を見失い、その骨組だけをとりだして分析すると、わからなくなるにちがいない。他力という言葉は、現代においては、「棚からぼた餅」とか、「兎ころがれ木の根っこ」と、終日待っていた待ちぼうけのような姿を連想させるのではなかろうか。新聞の見出しに近頃はしばしば「他力本願をきめこむ」などと書かれる。自分は何もせずに他人の力をあてにする事だと思われているのであろう。だから「他力ではだめだ、自力でなければならない」とか、「親鸞の教えは消極的な怠け者をつくる教えだ」などと言う人が絶えない。だが、親鸞さまは次のように説かれているのだ。

他力《たりき》と言うは、如来《にょらい》の本願力《ほんがんりき》なり。　『教行信証・行巻』

（他力というのは、めざめた人の親心のはたらきなのである。）

他力は決して他人まかせという事ではないのだ。私たちは小さい時から「自分の力を信じて一所懸命に努力して幸せに向かって行く事が大切だ」と教えられてきた。他人に頼らず自分の力で物事を解決して行く、それはだれが考えてもすばらしい事である。だが一つだけ忘れている事がある。それは何事を実行していく場合でも、スローガンを掲げることは誰でもできるが、実行するのは難しいという事である。

子どもたちの生活をのぞいてみよう。長い休みの前になると「この休みこそ充実したものにしよう」と決意し、完璧《かんぺき》な計画表をつくる。だがいよいよ休みも終わりに近づく頃にはきまって「計画通りにできなかった」と、自分の意志の弱さを反省し、「この次こそは」と、また決意を新たにするのであろう。私たちの生活には、この決意↓反省の繰り返しがいかに多い事か。正月元旦には、「今年こそは」と決意するのに、大晦日《おおみそか》には「今年も思うようにできなかった。来年こそは」と、後悔、決意を繰り返しているではないか。「うそつきは信用するな」という。そんなことは誰でも知っている。だが、その「うそつき」はどこにいるのかわかっている人は少ない。ほんとうはまじめな顔でそのつど決意するくせにいつも実行せずに、後悔し、言いわけばかり繰り返している私自身こそ、自信過剰の大うそつきではないのか。そんな大うそつきの私が自分の力で努力してさとりを開くなどと言っても、それはうその上塗りになるだけであろう。他力とは阿弥陀の本願のはたらき、言い換えれば、自信過剰の大うそつきの私をあてにしなくなる、という事なのである。

私たちは、小さい頃から何でも物事を外側に置いて観察し、分析し、結論を出すという発想に慣れてきている。だから阿弥陀の本願も向こうに置いてながめれば、仏教思想の一つだとか、自然の法則だとか、人間の一つの生き方だというようなかたちに見える。そうなると何も阿弥陀の本願でなくても、他の思想でもいいではないか、あの生き方でもいいではないか、という事になる。自分の外に見ている阿弥陀の本願は、私と何のかかわりもないものとなる。

ところが、「俺は俺の力で生きてきたんだ。誰のおかげでもない」と豪語し、仏教も自分を飾る教養の一つとしてながめていた人が、ひとたび外へ向いていた眼が、内側に向けられた時、今まで自信に充ちていた生活の足どりが一転してぐらぐらと揺れ動くようになる。気がついてみたら、腹をたてている時でも、悲しみに打ちひしがれている時でも、眠っている時でも、私の胸には休みなく心臓の鼓動が脈打っているではないか。私が忘れていても身体は規則正しく呼吸していのちを支えているではないか。生きている、という事は決して私の力ではないのだ。試験に合格したのも、病気が治ったのも、家中健康でいられるのも、商売が繁盛するのも、みんな自分の力ではないのだ。よくよく胸に手をあてて考えてみれば、みんなおかげさまなのだ。

それがわからなければ、病気になったのも、商売がうまく行かないのも、愛に破れたのも、自分が出世できないのも、みんなまわりの所為《せい》だ、相手の所為だ、世の中の所為だ、と他に責任転嫁するより仕方がない。だが、そこからは何も生まれてこない。憎しみ、怨み、のろいの鎖にしばられてますます暗い心の泥沼に沈むだけである。

親鸞さまは、無理なくその認めたくない現実を引き受けて行く道をあきらかにされているのである。ただ南無阿弥陀仏ととなえよと。腹がたつ、悲しい、困った、面子《めんつ》がたたぬ、念仏してそれを何とかするのではない。何とかならぬままに、ただ念仏して行くのである。だが、そんな事をしたら自分が傷つくかもしれないではないか。だが、念仏して生きた人たちは傷つく事を恐れなかったのだ。いつでも自分をかっこうよく見せるために言いわけしたり、愚痴をこぼさずにはいられない私が、そのままでとにかく南無阿弥陀仏ととなえて行くのだ。これは思いもおよばない事であるが、今まで深い心の傷となって私を悩ましていたものが、いつのまにか、それでよかったのだ、という明るい落ちついた心の中に溶けこんで、生き生きとした生活になくてはならない素材に転じていくのである。

　煩悩具足《ぼんのうぐそく》のわれらは、いずれの行《ぎょう》にても、生死《しょうじ》をはなるることあるべからざるをあわれみたまいて、願《がん》をおこしたまう本意《ほんい》、悪人成《あくにんじょう》仏《ぶつ》のためなれば、他力をたのみたてまつる悪人、もっとも往生の正因《しょういん》なり。よって善人だにこそ往生すれ、まして悪人はと、おおせそうらいき。

意訳

（生涯欲望の眼《まなこ》と共に生きるしかない私たちは、偉そうな理想を掲げても結局は目さきの利害にしばられているではないか。そういう現実を深く悲しむ心にこそ阿弥陀の親心が身にしみてひびいてくるのだから、私のような者はどう考えてもだめな人間だ、と歎《なげ》き悲しむ者こそ、阿弥陀の世界へまずまっさきに導かれる人なのである。だからこそ、できのよい人でも明るい阿弥陀の世界へ眼を開けるのなら、ましてやできのわるい者は当然だと教えてくださったのである。）

偉い人はあとまわし

生まれた者は必ず死ぬ。そんな事はだれでもよく知っている。だがそんな事をいくらよく知っていても、私の死を考える時には心は暗くなる。若い時には余程の事がなければ、忙しい生活にまぎれて死の事など忘れているのであろう。それが年を重ねるにつれて自分の生活の中に頭をもたげてくる。鏡をのぞいて「どうしてこんなに小じわがふえたのだろうか」と歎いたり、「こんな仕事をやっていると一生芽が出ないのではないか」というあせりも生まれる。「今は何とか手足が動くけれども、動けなくなったら、眼が見えなくなったら、下《しも》の始末ができなくなったら」そんな思いにふとおそわれるとだれでも自然に暗くなる。そんな顔を見ているまわりの人もうっとうしくなるにちがいない。このような不安には特効薬はない。どんなに裕福に暮らしていてもまちがいなく年老いて行くし、どんなに身体に気をつけ、身体をきびしくきたえても、結局は応急手当にすぎないのであろう。

生活の問題なら、能力があればよい、容姿端麗ならばよい、健康であればよい、財力や地位があればよい、というように、条件さえ整えば何とかなっていくと思われる。たとえ今はだめでも努力さえすれば一歩一歩目標へ近づいて行けるような気がする。ところがその生活の中にひょっこり死の問題が頭をもたげてくると、今まで必死になって求めてきた生活の素材が何の役にもたたなくなる。努力する人も怠ける人も、金があってもなくても、地位や権力がある人もない人も、頭のよい人もわるい人もみんな同じ。どんなにあせっても、もがいてもその行く手は暗い死の世界なのであろう。まるまると太った豚の姿を見ると、「かわいそうに、あんなにおいしいものをたべて遊び暮らしていても、あと数日で屠殺場に送られる運命なのだ」と思う。せみが声をかぎりと鳴いているのを聞くと、「あと数日のいのちとも知らないで、気の毒に」と思う。だがひるがえってわが身を見るならば、生活水準は向上し、健康管理が行き届いていても死を待つ暗さは決してなくなったわけではない。どんなに便利な快適な老人ホームを建設したとてこの問題だけはあとにとり残される。

「そんなどうにもならない事を考えたって仕方がないではないか。それよりも毎日おもしろおかしく楽しく過ごせばいいではないか」と考える人もあろう。だが、その一番大事な問題を捨てておいてどうして楽しい毎日が送れようか。台風が明日襲ってくることがわかっているのに、無防備で楽しく暮らせ、とでも言うのであろうか。死の問題は遠くにあるのではなく、毎日足もとからつきあげてきているのではなかろうか。

死の問題は、言い換えれば「人生とは何か」という事を私たちに問いつめているのであろう。だが、その問題を実感として受けとめることのできる人は、決して生活の素材に恵まれた偉い人ではなく、できのわるい頭のあがらない者なのであろう。できのわるい者は、いばりたくてもいばる素材を持っていないのだから、どう考えても「俺は偉い人間だ」などとは思えない。だから、人生は勝つか負けるかだ、という物差しで測れば、できのわるい者は連戦連敗するだけなのだから、いつもみんなからばかにされ無視されることになる。そんなところに生きがいが感じられるはずがない。できのよい人なら「毎日楽しく暮らせばそれでいいではないか」という言葉に疑問を持たないが、できのわるい者にとっては、「毎日楽しく暮らす」などという事は絵に画いた餅にすぎないのであろう。できのわるい者には救いはないのである。

ところが親鸞さまは、その幸せから見放されているできのわるい者こそ、高慢な自負心がないために、阿弥陀の明るい生き生きとした世界への最短距離にいるのだ、と教えられているのだ。

はじめて学校の校門をくぐって入学式にのぞんだ日の事を思いだしてみよう。はじめて職場にはいった頃、はじめて結婚して家庭を持った頃の事を思い起こしてみよう。おそらくだれでも生き生きと眼を輝かせて、どんなめんどうな事でも、どんないやな事を押しつけられても、自分から進んで喜んで実行していたにちがいない。なぜならば、「私はまだスタートしたばかり、何も知らないできのわるい者だ。だから吸収できるものは何でも吸収しよう。体験できるものは何でも体験しよう」という意気ごみにあふれていたからであろう。それなのに私の生活がいつのまにかマンネリ化してしまったのはなぜだろうか。「何かやる事はありませんか。何でもやりますから言いつけてください」と、明るい顔ではりきっていたあの頃の充実感はどこへ消えてしまったのか。

いつのまにか偉い人の仲間にはいってしまったのではないか。偉くなった人には、できのわるい者が感じている生活の負い目がない。だからどうしても、自分に与えられている権利（もらう）に見合う義務（与える）だけ果たせばよいというソロバン勘定《かんじょう》が表面に出てくる。そのために、あの新参者の頃、眼を輝かせて「させていただいた事」ができなくなっているのであろう。

「男女同権なのに、どうして私だけお茶汲みまでさせられるの」と憤《いきどお》る事務員の娘さん。「同じ働いているのに、なぜ私だけ、育児・炊事・洗濯を一人でやらなくちゃならないの」と旦那さんに喰ってかかる若い奥さん。「どうせ給料が同じなんだから、そんな余分な仕事に手を出すと損だよ」と、うそぶく会社員。「そこは私たちの掃除分担の場所じゃないんだから、紙くずを拾う必要はないよ」と、当然のように言い放つ学校の生徒たち。

理屈の上では別におかしい事を言っているわけではないのだが、その言葉は冷たい。なぜならば、表面は権利と義務の理論でぬりかためられていても、本音《ほんね》は、自分さえよければ人はどうでもよいのではないか。自分さえよければという心で権利を主張する人は、世の中や他者に対して全く負い目を感じていない。だから、いつでも私が正しく、他はまちがっているという前提に立っている。だから何か不都合な事が起これば、全部まわりがわるい事になる。私には何のうしろめたい事はないと思っている人は、知らず知らずのうちに大評論家、大裁判官となっている。「あの人はよい人だ、あいつはわるい奴だ」と、自分は高処《たかみ》の見物席にすわって他を批判するが、かんじんの自分自身の事は何もわかっていない。権利を主張している自分の姿に何の疑いも持たないのだから、私自身がまな板の上にのせられる念仏の教えが見えてこないのだ。そこで問題になっているのは、もうかるか損するかという日常の問題だけで、かんじんの生活の根っこが真暗な事には気がついていないのであろう。

蓮如さまは、そういう私たちの姿を次のように浮きぼりにされている。

堺《さかい》の日向屋《ひゅうがや》は、三十万貫《がん》を持ちたれども、死にたるが仏《ぶつ》にはなり候うまじ。大和《やまと》の了妙《りょうみょう》は、帷《かたびら》一つをもき(着)かね候《そうら》えども、此《こ》の度、仏《ぶつ》になるべきよ。

『蓮如上人御一代記聞書』

(堺の大商人日向屋は、銭三十万貫を持つ大金持ちだったが、このほど亡くなった。だが彼の人生は決してめざめた一生ではなかった。それにくらべて大和の了妙は、着るもの一枚にも不自由していたが、その生涯はまちがいなく、めざめた人の一生であった。)

日向屋は今をときめく大実業家、理論でもソロバン勘定でも、誰にも負けない才能を発揮していたのであろう。その何でもよく見通して知っていた日向屋がたった一つ無知なものがあったのだ。それはほかならぬ自分自身だったのではないか。私がわからなければ、権力や金や名声がすばらしいものに見える。だからそのような見せかけの権威に頼らないと落ちつかない生活になっていたにちがいない。その金や権力も死んで行く人生には何の役にも立たない。そういう現実にぶつかった時、日向屋はどんな気持ちだったのだろうか。

それにくらべて大和の了妙《りょうみょう》は、生活の面から見れば下積みのうだつのあがらない人物であったにちがいない。だが、華やかな名声や権力、ゆたかな物質生活に何の期待も持てなかったが故に、「何も持たずに、素顔のままでただちに来るがよい」という阿弥陀のこころの中に自然に溶けこんで念仏する事ができたのではないか。何のとりえもなく、無名のままに生涯を閉じた大和の了妙の生活には、あのみなが羨《うらや》む日向屋でさえ足もとにもおよばない明るいうるおいの心がたたえられていたにちがいない。現代の日向屋になろうと、きゅうきゅうとしているのは誰か。きびしい問いがつきつけられている。

第四章

（歎異抄・聖典六二八頁）

一、慈悲《じひ》に聖道《しょうどう》・浄土《じょうど》のかわりめあり。聖道の慈悲というは、ものをあわれみ、かなしみ、はぐくむなり。しかれども、おもうがごとくたすけとぐること、きわめてありがたし。浄土《じょうど》の慈悲《じひ》というは、念仏して、いそぎ仏《ぶつ》になりて、大慈大悲心をもって、おもうがごとく衆生を利益《りやく》するをいうべきなり。

意訳

（慈悲には、偉い人の愛の精神から、できのわるい私にかけられた親心へと、めざめて行く移り目がある。愛の精神とは不幸な人々をあわれみ、かわいがり、見まもってあげようとする美しい心である。だが、本気になって人をたすけようとすればするほど、私の力ではどうにもならない事がよくわかってくる。私にかけられた親心というのは、こんな私をたすけずにはおかないという念仏の教えに導かれて、ただちに阿弥陀の明るい生き生きとした人生を歩む身となり、目さきの幸せを追う愚かさをあきらかにして、思う存分にまわりの人たちも明るい生き生きとした人生にめざめさせる事を言うのである。)

傷ついて生きる身となる

どんな事業でも、どんな活動でも、青写真をえがいて計画・準備している時はとても楽しいものである。四月、新学期、子どもたちの顔は生き生きと輝いている。無限の可能性を胸に秘めているからであろう。あるいは新しい仕事を始める、新しい家を建てようと思う、新しい会を始める、何事もこれからという時は気持ちがよい。障害物は何もないし、まわりの人々も祝福してくれるのであろう。ところが、いざスタートしてみると、思いがけない事が持ちあがって、なかなか思ったように事が運んで行かないのではなかろうか。だから「こんなはずじゃなかった」と、頭をかかえなければならない。それはちょうど他人が囲碁や将棋を楽しんでいるのを外からのぞきこんでいるときには、私ならもっとましに打ったり指《さ》したりできるのに、と思うのによく似ている。いとも簡単に見える事でも自分がやってみるとなかなかうまくいかないのであろう。それは一体なぜなのだろうか。

新聞の身の上相談の欄をのぞくと、どんなめんどうな家庭のいざこざでも、どんなにこじれた人間関係の難問題にも、相談員の先生は、いつもポンと明快な解答を与えている。それでは、その相談員の先生の家庭ではきっと何一つわずらわしい事は起きないだろうとだれでも思うが、実際にお聞きすると自分の家庭の事はやはりうまく行かないと言うのである。「あなたの家庭では父親がもう少し子どもに関心を持たないといけませんねえ」などとアドバイスしている心理学の大先生が、家庭では奥さんに「他人には偉そうな事ばかり教えているくせに、家の子どもの事は全然だめじゃないの」と、とっちめられているのであろう。それは、決してその先生の学識がいいかげんだというわけでもなければ、その先生の身の上相談のアドバイスがまちがっているわけでもない。先生の豊富な知識や技術は明らかに他人の問題の解決にはすぐれた力を発揮していることはまちがいないのであろう。ただ、そのような科学的合理的な知識は自分が身を置いている家族や妻子との問題については何の役にもたたない、という事に私たちは気がついていないのだ。

幼稚園や小学校で他人の子どもなら、家では親のいう事をまともに聞いたこともないような子でも、二十人も三十人もたばにして見事に先生は動かしていく。だがその先生がいざ自分の子を育てるとなると、まわりの迷妄なるおかあさんと同じになる。他人の子を扱う知識や技術は、自分の子には通用しないのである。若い人たちでも同じ。自分の友だちが悩んでいる時には、いろいろ助言してあげることができる。だが自分が同じ問題にぶつかったら、そんな知識などやはり何の役にもたたないのではないか。

蓮如さまは、

わが妻子ほど不便《ふびん》なることなし。それを勧化《かんけ》せぬは、あさましきことなり。宿善《しゅくぜん》なくは、ちからなし。わが身をひとつ、勧化《かんけ》せぬものが、あるべきか。

『蓮如上人御一代記聞書』

(自分の一番身近な妻子こそ、まっさきに明るい生き生きとした阿弥陀の世界にめざめてほしいと思う。だが、その一番大事な妻子こそ自分の力ではどうにもならないのはとても悲しい事である。これも私の力に限界がある事を私は気づいていなかったのであろう。そんな、私の力で何とでもなる、とうぬぼれていた私こそ阿弥陀の親心に招かれている身だったのだ。)

と告白されている。

私たちの日常生活において一番わずらわしい人間関係は、実は自分の一番身近な世界なのである。夫婦げんかなどは、お互いに相手をやっつけようとしているように見えるが実際には、自分の力で相手のまちがいを直して相手をまともな人にしたいという願いが底に流れている。これこそまさしく聖道の慈悲、美しい愛の精神にちがいない。だが、その試みはいつも思うが如くたすけとぐる事きわめてありがたし、という結果に終わる。相手はますます狭い心の世界に閉じこもり、意地の張りあい、面子《めんつ》のぶつかりあいになるだけであろう。親鸞さまも、この悲しい現実との対決を次のように教えられている。

小慈《しょうじ》小悲もなき身《み》にて
有情《うじょう》利益《りやく》はおもうまじ
如来《にょらい》の願船いまさずは
苦海をいかでかわたるべき
『愚禿悲歎述懐和讃《ぐとくひたんじゅっかいわさん》』

(美しい愛の精神などどこにもないくせに、まわりの人を私の力でたすけてあげようなどと考えるのは、とんでもない思いあがりだといわなければならない。もしこんなうぬぼれの強い私を、きびしくまな板の上でたたき直してくださる阿弥陀の親心にめぐりあえなかったなら、私のような鼻っ柱の強い者は、人をたすけられないのはみんなまわりの所為《せい》だと思う狭い心の世界から、どうして抜けだせたであろうか。)

念仏の教えにめぐりあってめざめた人になる、という事は、ぬくぬくとした居心地《いごこち》のよい場所を歩いて行く事ではない。それどころか、めざめて行くという事は自分が傷つく事なのである。自分の力を頼りにして自尊心と虚栄心の城を築こうとしている私が、教えのまな板の上にのせられて、根底からたたきつぶされるいとなみにちがいないのである。そうでもしなければ、自信過剰の重傷患者が完治するはずがないではないか。人をたすけるという事は思いがけない事なのだ。それはうぬぼれの鼻がたたかれて、ほんとうの私の力量を思い知らされたとき、はじめて身にしみて感じられてくるのである。

今生《こんじょう》に、いかに、いとおし不便《ふびん》とおもうとも、存知《ぞんじ》のごとくたすけがたければ、この慈悲《じひ》始終なし。しかれば、念仏もうすのみぞ、

すえとおりたる大慈悲心にてそうろうべきと云々

意訳

(私たちの見通しのきかない狭い心の世界では、どんなにかわいそうだ、何とかしてあげたいと願っても、自分の力で愛の精神をつらぬいていく事はできそうもない。だからこそ、ただ念仏の教えに導かれて、めざめていく人生だけが、この愚かな私に与えられた唯一の、ほんとうの慈悲心を実現していく道なのである、と親鸞さまは教えてくださった。)

私が汚しの張本人

スポーツの世界は美しいとみんなが思っている。陰でこそこそせず、堂々と戦う明るいスポーツマンシップが貫かれていると信じているからであろう。だが現実のスポーツの世界は決して外からながめたような美しいものではないようである。生き馬の目を抜くような狡猾《こうかつ》なかけひき、憎しみ、ねたみ、誤解、名誉欲、あきらめなどが入り乱れ、醜《みにく》いわずらわしい問題をたくさんかかえているのであろう。

真理探究の学問の世界、茶道、華道、美術、書道、音楽などの美の世界、気の毒な人々を救おうとする慈善活動、それどころか、俗世間の空《むな》しさを知って、清らかな世界を求めているはずの宗教家の世界にいたるまで、その理念、精神はどんなにすばらしくとも、現実はその表看板とは似ても似つかぬ醜い心の働きが渦巻いているではないか。美しい精神はとりかえたばかりの青畳のように清らかな香りを放っているのに、いざ私たちがそれに関係すると、ちょうど子どもが泥足でその畳を汚してしまうように、いつのまにかその美しい理念は飾りにすぎなくなり、その中味はどうにもならない有害な怪物に変身してしまうのである。

みんなまちがいなく、美しい理念、世のため人のためになる事は大好きなのであろう。ところが、いざそれを実行する段階になると、自分の都合という欲望の黒雲がその理念を変質させてしまうのではなかろうか。法律や規則をつくる時には、みんな世のため人のためになるように、という願いによって衆知を集めてつくりあげたはずである。ところがいざ法律や規則が動きだすと自分に都合のわるい事がいっぱいでてくる。学校の社会科の時間に学習する法律は、みんな世のため、人のためのすばらしい知恵であり「みんながまもって行けばどんなにすばらしい世の中になるだろう」と生徒たちは思うにちがいない。だがそれは一旦教科書から抜けだすと事態は変わってくる。新聞やテレビで毎日報道されるのはその法律を守らない人の姿であろう。私たちは学校で学んだ教科書の法律を頭の中に思い浮べて「あんな人がいるから世のため人のためという願いが踏みにじられる」と思う。だが自分が同じ場面に立った時はどうなのだろう。おそらく「あの時はやむをえなかったのだ」とか、「もののはずみでこうなってしまった」というように、必ず何かの理由があるにちがいない。PTAの会合でも、サークル活動でも、誰かが無断欠席でもしようものなら、無関心だとか無責任だと言って非難するのであろう。だが自分が休む時には、やはりやむをえない事情がちゃんとあるのではなかろうか。

　蓮如さまは

信もなくて、人に、「信をとられよ、とられよ」と申すは、わが物もたずして、人に物をとらすべき、という心なり、人、承引《しょういん》あるべからず、

『蓮如上人御一代記聞書』

(私こそ美しい心を踏みにじる張本人だ、などとは夢にも思わず、人に美しい心を踏みにじるなと要求するのは、ちょうど自分が何も物を持っていないのに、人に物をあげようと約束するようなものである。そんな事でどうしてまわりの人たちをめざめさせることなどできようか)

と、どうにもならない自己過信の姿を鋭く映しだされている。美しい理念や目的が実現しないの

は、世の中がわるい、まわりの人たちが無関心だからだ、と責任を外へ外へと追求していくところからは何も生まれてこない。だがそれでも「ただ念仏して行くことが、大慈悲心の実現だ」という事がわからないという人がいる。念仏の教えに育てられて行く者にはもはや自分の力を過信できないのである。自分が人をたすけているのではないのだ。年老いた農夫がそのしわだらけの手に収穫物をしっかりと握りしめて「おかげさまで」と喜ぶ世界なのだ。手術が成功し、「ありがとうございました」と、笑顔で退院していく患者のうしろ姿を、「こんな私のような者の指示通りに養生し、よくも治ってくれました」と、手を合わせて見送る医者の世界なのだ。卒業して行く子どもたちに「よく勉強して卒業までこぎつけてくれた」と、一緒になって涙ぐむ先生の世界なのだ。そこには、「俺の力で収穫を勝ちとった」とか、「私が名医だからあの難病を治してやったぞ」とか、「私が面倒《めんどう》を見てやったから卒業できたのだ」などという思いあがりはみじんもないのであろう。念仏の世界には、言いわけも理屈もいらない。自分のできる事を精一杯やらせていただくだけなのである。

第五章

（歎異抄・聖典六二八頁）

一、親鸞《しんらん》は父母《ぶも》の孝養《きょうよう》のためとて、一返《いっぺん》にても念仏もうしたること、いまだそうらわず。そのゆえは、一切《いっさい》の有情《うじょう》は、みなもって世《せ》々生々《せしょうじょう》の父母《ぶも》兄弟《きょうだい》なり。いずれもいずれも、この順次生《じゅんししょう》に仏になりて、たすけそうろうべきなり。

意訳

（私、親鸞は亡くなった父母の追善供養のために、一度だって念仏を利用した事はない。なぜならば、この世のあらゆるものが私にとってはなくてはならぬなつかしい父であり、母であり、兄であり、弟なのだ、という事がよくわかったからである。しかもそのだれもが阿弥陀の世界にめざめてはじめて、生き生きとした明るい人生を歩む事ができるのである。)

仏事のはたらき

「何のために念仏するのですか」と質問するならば、「亡き父のため」「亡き母のため」「亡くなった子どものために」と言うのが偽《いつわ》らざる自然の感情ではなかろうか。葬儀を執《と》り行《おこな》い、墓をたて、法要をいとなむ、そういう事もみな、そのような感情のうえに成りたっているのであろう。ところが親鸞さまは、その亡き父母の追善のために一度だって念仏した事はない、と断言されているのである。こういう事を耳にすると、「親鸞という人は親を大事にしない冷たい人だ」と思う人もあるにちがいない。

だが、よく考えてみると、私たちが墓参りや法事をする場合、父や母のために行うのであるから、父母を大事にしているように見えるけれども、あとになってみると、その自分がやっていた事はみんな片付け仕事になってはいないだろうか。墓参りをすませたから楽々したとか、法事をすませてやっとこれで肩の荷がおりたとか、お葬式に参ったからこれで義理が果たせたとか、そういう気持ちがどこかにあるのではないか。肩の荷がおりたとか義理が果たせた、と思うのは、私たちの心の中に、「私の力で父母のために念仏してあげる」とか、「墓参りをしたから、借りを返す事ができた」という思いが働いているにちがいない。そのために葬式も法事もみんな自分だけの気休め、自己満足の手段になってしまっているのだ。

自分がどれだけお墓に足を運んでも、声の続くかぎり南無阿弥陀仏ととなえても、それによって、亡き父母が喜んでくれるだろう、という保証はどこにもないではないか。お葬式のたびに耳にする「ご冥福を祈ります」という言葉ほど空《むな》しいものはない。親鸞さまはそういうごまかしと妥協する事はできなかったのであろう。亡き父母に何もしてあげられないからこそ、念仏の教えがこの身にうなずかれてくるのに、亡き父母のために念仏をとなえ、墓参りをし、法事をいとなんだからこれで万事すんだと思うのは、とんでもない思いあがりであり、最大の親不孝ではないのか。親鸞さまは亡き父母に向かって手を合わせて拝めば拝むほど、亡き父母に何もしてあげられない自分の無力さを しみじみと思い知らされたに ちがいないのである。その思いを 親鸞さまは、次のように教えられている。

仏智《ぶっち》の不思議《ふしぎ》をうたがいて
自力《じりき》の 称念《しようねん》このむゆえ

辺地《へんじ》解慢《けまん》にとどまりて
仏恩報《ぶっとんほう》ずるこころなし

『疑惑《ぎわく》和讃』

(南無阿弥陀仏は、この私に明るい生き生きとした人生を歩ませようと、休みなく働きかけておられるのに、私たちはそれに気づかず、念仏を自分の都合のよいように受けとめて、亡き人の冥福を祈るためとか、災難よけのために利用してはいないだろうか。それでは一時の気休めにはなっても、ほんとうの人生の喜びを体験できないから、阿弥陀の世界を心から讃えるなどという事はできなくなっているではないか。)

お墓参りに行くと、墓のまわりがきれいに清掃されている中に、誰も草もとらず、ごみも拾わずとり残されている所が目につく。いわゆる無縁仏《むえんぼとけ》と普通呼ばれているお墓である。身寄りの人が絶えてしまって誰も世話をしてくれなくなったのであろう。最近は世の中がみんなそれと同じようになりつつあるのではないか。自分のものは大切にするが、他人のものは振り向いても見ない。そういう感覚でいくら自分の家のお墓掃除をしても、それは仏事《ぶつじ》(めざめた人の生活、行《おこな》い)をしているとはいえない。

おばあさんが、たった一人の息子《むすこ》を戦争で亡くし、悲しみのあまり、毎年息子の命日《めいにち》に寺へ参り、経を読んでもらっていた。ある日いつものように、読経《どきょう》が行われていた時、寺の本堂の入口から、他の参詣人が数人はいってきて、黙っておばあさんのうしろにすわって合掌した。その時、今まで神妙に聞き入っていたおばあさんが、くるりとうしろを向いて叫んだ。「これは私の息子のためのお経だ。あんたたちはあとからお経をあげてもらえばいいじゃないか」。私はびっくりした。悲しい出来事だった。これは俺のもの、あれは人のもの、損だ得だ、権利だ義務だ、といわないところに念仏の生活があるのだ。だがあとで静かに考えてみると、このおばあさんを笑う事はできない。おばあさんを愚か者よとあざわらう私たちは、おばあさんと同じ事を人にばかにされないようにかっこうよくやってのけているにすぎないではないか。むしろこのおばあさんは正直だったのだ。まわりの人がどう思うかなどという惑いはなしに、自分のありのままの姿を見せていたのだ。このおばあさんも今は亡き人となった。しかし、人にばかにされることまでやって傷つきながらもこの私に大事なことを教えてくれたこのおばあさんこそ、仏事《ぶつじ》を行《ぎょう》ずる人であったと言えるのではなかろうか。

生きとし生けるものは、みななつかしい父母兄弟である。念仏の世界にはだめな人など一人もいないのだ。みんな、偉い人も、名もない人も、よくできた人も、みんなに軽蔑されるような人も、それぞれの個性を発揮して生きているのである。そしてその人たちはすべて「順次生（次の世）にめざめて救われて行くのだ」と、親鸞さまは教えてくださる。次の世とは常識的には、死後の世界なのであろう。だが「死後の世界」という表現をよくかみしめてみると、死後とは、私たちが一度も考えた事もない、気がついていない、思いがけない、という事をあらわそうとしているのではなかろうか。

私が念仏してあげて人を救うのではないのだ。私たちが一度も考えてみたこともない、思いがけない念仏の教えのはたらきにふれて明るい生き生きとした人生が開かれてくるのだ。念仏は、私の行為ではなく、たとえ私の口からでていてもそれは公の行《ぎょう》である。だから私がとなえても私が偉いわけではない。憎まれている人も、ばかにされてひがむ人も、私のような者はだめな人間だと思いこんでいる人も、差別のない念仏のこころにふれる時ほんとうの人間性を回復し、生き生きとよみがえるのである。

わがちからにて はげむ善にても そうらわばこそ、念仏を 回向《えこう》して、父母《ぶも》をもたすけそうらわめ。ただ自力《じりき》をすてて、いそぎ浄土のさとりをひらきなば、六道四生《ろくどうししょう》のあいだ、いずれの業苦《ごうく》にしずめり

とも、神通方便《じんずうほうべん》をもって、まず有縁《うえん》を度《ど》すべきなりと云々

意訳（もし私がとなえる念仏が、父母の霊をなぐさめる事に利用できるものならば、一所懸命、南無阿弥陀仏ととなえて亡き父母の供養のためにさしむけようと思うだろうが、念仏はそんなおまじないの言葉ではないのだ。ただ自分のやっているごまかしに気づき、念仏の教えに導かれて、明るい生き生きとした人生にめざめるならば、たとえ、地獄《じごく》・餓鬼《がき》・畜生《ちくしょう》と呼ばれる迷いの心の世界をめぐり、人生の差別に泣くような、どんな束縛の中に苦しんでいた人であっても、阿弥陀の自由自在なこころのはたらきによって、まず身近なご縁のある人から生き生きとした明るい世界へ呼び戻すことができるのだ、と親鸞さまは教えてくださった。）

まず私が先に

「親孝行したい時には親はなし」という言葉がある。親というものはいつまでも生きているような気がしているのが子どもの心であろう。なぜならば親は生まれた時から、子どもにとって

は、あたりまえの、空気のような存在だからである。父の日だ、母の日だといって贈り物をし、感謝する、というのも、日頃親の事など忘れているからではないのか。子どもの体験から言えば、親は自分を守り育ててくれるものというより、むしろ自分を監督するうるさい人なのではなかろうか。そして成長した子どもたちは、親のもとを巣立ち、それぞれわが道を歩むようになる。親もとを離れて暮らす子どもたちは、親に何とかしてあげたいと心の底に思いながらも、日常の忙しさに紛《まぎ》れてつい親の事など忘れているというのがいつわらざる姿なのであろう。そして気がついたときにはもう親は年老いているのではなかろうか。

どこの家でも、寝たきり老人や、恍惚《こうこつ》の人をかかえた者の悩みは深刻である。嫁さんなどは、一所懸命看護につとめても、自分を犠牲にしてつくしても、世の中の人から見ればそれはあたりまえの事をしているにすぎない。もしちょっとでも看護に手落ちがあったり、忘れっぽくなったお年寄りが見舞い客に向かって、「うちの嫁は朝めしもつくってくれない」などと愚痴でもこぼそうものなら、数日のうちに、「あそこの嫁は親を大事にしない鬼嫁だ」というような噂をたてられるのであろう。そんな時、どんなに弁解してもかえって自分がわるく言われるだけである。口に出しては言わないけれども、「こんな親がいなかったら」と思う時もあるにちがいない。

ところが、そんな忘れていた親、怨《うら》めしく思った親が亡くなり、遺体の前で手を合わせた時、涙が思わずこみあげてくるのはなぜだろうか。「親が生きているうちに、あれもやってあげればよかった、これもやってあげておけばよかった」という歎《なげ》き、後悔があとからあとからでてくるのではないだろうか。どんなに「私は精一杯親につくしたのだから、これでよかったのだ」と言いきかせても、何かうしろめたいものが残るのであろう。

「親のために立派な葬儀をしてあげたい」「親のためにお墓をつくってあげたい」という気持ちも、そのうらに、生きていた時に十分に自分の責務を果たせなかった負い目があるのではなかろうか。その負い目が、親のために念仏してあげるという行為を生みだすのであろう。だが親鸞さまは、念仏は親のためにつぐないをする道具にはならないことをはっきりさせているのだ。

真実信心の称名《しょうみょう》は
弥陀回向《みだえこう》の法なれば
不回向《ふえこう》となづけてぞ
自力《じりき》の称念《しょうねん》きらわるる

『正像末和讃《しょうぞうまつわさん》』

(明るい阿弥陀の世界にめざめてみたら私がとなえてあげていると思っていた念仏は、亡き親に何もしてあげられないみじめな私をこそ救わずにはおかぬという阿弥陀の親心の呼びかけにほかならなかった。だから念仏はあくまでも私を明るい生き生きとした世界に導いてくださる教えであって、私が感じている心の負い目をなくすために念仏するなどという筋ちがいの事をしてはならない。）

親のために小さな子どもが母の日だと言ってささやかな贈り物をする。だが、親がほんとうに喜ぶのは、子どもが明るく生き生きと自分の世界を切り開いて行く人になる事なのであろう。私たちは子どもの事については眼の色を変えて心配するけれども、親の事は忘れているのではないか。だから、お墓をつくったり、人を招いて盛大に法事（実際には法事ではなくて食事になってはいないか？）をつとめて、「これで親は草葉の陰から喜んでくれるだろう」などと自己満足してはいないだろうか。それでは母の日の子どもの贈り物にも及ばないではないか。

親が生きていた頃の事を振りかえってみて、親が地獄の鬼に苦しめられるようにひどい仕打ちをまわりの人から受けていたとか、餓鬼の亡者《もうじゃ》のように、不平不満でいっぱいの飢えた生涯を送って死んで行ったとか、畜生のようにこき使われて非人間的な一生に終わってしまったというような事があったなら、それこそ子どもとしては、身を引き裂かれるような思いに駆られるにちがいない。また、どこの家に生まれたとか、どんな身分や家柄の家に生まれたという事で、自分の力の及ばぬ境遇による差別で悲しい暗い一生を送らねばならなかったという事実があったとしたら、これもまた、もう一度生まれてもらわなければ解決できない怨念《おんねん》がどこまでも尾を引くのではなかろうか。ここにあらわされている六道・四生《ししょう》という古めかしい言葉の持っている響きは、どうにもならない暗い底なしの沼のような世界に生きた人のうめき声ではないだろうか。そしてそのどうにもならぬ事のために、念仏してどうにかしようとする、それこそごまかしの上塗りではないのか。六道・四生をめぐった親たちは、おそらくあれもやってみよう、これもやってみようと、あらゆる手だてをつくして救われようとしたにちがいない。だが何をやっても救われなかったのだ。だからこそこの世に絶望しなければならなかったにちがいない。その親たちに追いうちをかけるように、また「念仏してあげて」、「これで草葉の陰で喜んでくれるであろう」と思うことこそ、死者に対する冒瀆《ぼうとく》ではないだろうか。

親鸞さまは、「いそぎ浄土のさとりを開け」と教えられる。救われなければならないのは死者ではないのだ。まず私が念仏の教えに導かれ育てられて、ほんとうに人間らしい明るい人生を歩まねばならない。亡き父母の願いはもはや私的な怨念《おんねん》を晴らすというようなものではない。あとに残された者こそ明るく生き生きとごまかしのない人生を歩んでくれ、これこそ親の願いであり、人類の願いではなかろうか。そうすると、葬儀も墓参りも法事も、私がやってあげるのではなく、親の願いをあきらかに教えてくださる念仏の教えにめぐりあうご縁なのではなかろうか。

亡き父母がほんとうに喜んでくれる生活、先だって逝《い》ったわが子が明るい笑顔で見まもってくれる生活、それこそ念仏の教えに導かれ育てられていく生涯ではなかろうか。

第六章

（歎異抄・聖典六二八～六二九頁）

一、専修念仏《せんじゅねんぶつ》のともがらの、わが弟子ひとの弟子、という相論のそうろうらんこと、もってのほかの子細なり。親鸞《しんらん》は弟子一人《いちにん》ももたずそうろう。そのゆえは、わがはからいにて、ひとに念仏をもうさせそうらわばこそ、弟子にてもそうらわめ。ひとえに弥陀《みだ》の御もよおしにあずかって、念仏もうしそうろうひとを、わが弟子ともうすこと、きわめたる荒涼《こうりょう》のことなり。

意訳

（ただ一筋に念仏の教えに導かれ育てられて行く仲間の中に、あれは私の弟子だ、おまえの弟子ではない、というような争いが生まれるのはもってのほかの事である。私、親鸞は弟子など一人も持っていないのだ。というのは、私の力で自由にだれにでも念仏の教えをわからせることができるのならば、あの人は私がたすけてやった弟子だと言う事もできるかもしれないが、実際にはだれでも思いもかけぬ事から阿弥陀の親心が胸にひびき、念仏の教えを喜ぶようになるのだから、あれは私の弟子だなどと言うのは、とんでもない見当違いだと言わなければならない。)

心の老化現象

いつの世でも物事をよくわきまえていない人は軽蔑される。だから、みんないろいろな知識や技術を身につけようと努力する。しかし「私はまだ駆け出しの身だから、何もわからない」と思っている時には、人から何を言われても素直に耳を傾ける事ができるが、そのうちに「俺は偉いんだぞ」という心が知らず知らずのうちに芽生《めば》えてくると、自分がきずきあげてきたものや、自分がやった事にけちをつけられると、ムカッと腹がたつようになる。その反対にほめられる事はだれでも大好きだ。みんなが自分をほめてくれる時には「いや私などだめですよ」などと口では謙遜するような素振《そぶ》りを見せるけれども、心の中ではほめられてあたりまえだと思っているのであろう。だから何か自分がすばらしい事をやったと思っている時に、だれかほめてくれないと気持ちが落ちつかないのではないか。それなのに、他人がほめられているのを見ると「あいつは運がよかったのだ。ほんとうはたいした事はないのだ」と、心の中で足を引っ張る。人が失敗したり、ばかにされたりする時には、自業自得《じごうじとく》だと思う。みんな自分だけ鼻を高くしていばる天狗さまになりたいのではなかろうか。

わが弟子、ひとの弟子という争いはその心から始まるのであろう。自分が一所懸命に面倒を見てあげたお弟子が、ある日突然断りもなしに他の先生のところへ鞍替《くらが》えする。こんな腹のたつ事はない。だから足をつかんでひきずり落とそうとする。いつの時代にも変わらぬ人間の悲しい姿である。

家庭の中でも同じ事、子どもが小さい時には親の言う事は絶対である。言う事をきかなければ雷を落としたり、腕力を使ったりして子どもを従わせる。ところが子どもが成長すると親の言う事など聞かなくなる。最後には親の気にくわない嫁さんを連れてきたり、後を継いでもらわないと困る息子が、親の反対を振り切って遠くへ行ってしまったり、眼の中へ入れても痛くないような娘が、見知らぬ男と駈《か》け落ちしてしまう、などという思いがけない事が起こる。子どものためにはどんな犠牲になってもよいと、身をすりへらしてきた親ほどショックは大きい。「どうして私だけこんな目に会わなければならないのだろうか」と歎《なげ》く親は決して少なくないのだ。だがそんな時、息子がわるい、娘がわるい、相手の男や女がわるいと、責任を外になすりつけても事態はよくならない。むしろだんだん暗くなるだけであろう。

親鸞さまは、弟子を一人も持っていないと宣言されている。その理由は、この世の中に自分の思い通りになるものなど何一つないからだと教えられている。「弟子」とは「自分の思い通りになるもの」という意味であろう。近頃では自分の子どもさえ、「私がつくったもの」だとみんな思っているから、おかあさんたちは「子どもが言う事をきかない」と言って腹をたてる。子どもとは私の言う事を聞くのが当然だと思っているらしい。だが、発達心理学の書物でも読んでみるがよい。親の言う事を聞かなくなるのは、独立心が芽生え自主性がでてきた証拠なのだ。だから腹をたてるどころか、正常な発達なのだからむしろ赤飯でも炊いて祝ったらどうかと思う。子どもはみんな生きているのだ。決して子どもは親の所有物、死んだ物ではないのだ。ほんとうは、私が考えているような子どもはどこにもいないのである。私たちは、みんな自分の都合という色メガネをかけて子どもを見ているのではないか。学校の先生だって同じである。「あんないやな奴がいなかったら、クラス運営がうまく行くのに」とか、「何度注意したらあの子は言う事をよくきくのだろう」などと言う。子どもは何でも先生の思い通りに動くものではないのだ。

親鸞さまは、人はみな阿弥陀如来のお弟子だと教えられる。阿弥陀さまの弟子だという事は、言いかえれば、自分以外のものはすべて私の先生である、という事である。若さという事は、どんな人からでも、どんな境遇からでも学べる事はみんな学ぼうとする姿勢を言うのであろう。ばかにされても、笑われても、思い通りに行かなくても、苦労してもよいのだ。それが私に課せられた学習なのだから。ところがその反対に、自分の知識や経験の上にどっしり腰をおろして、天狗さまになると、もうそこから老化現象がはじまる。つまり、「人生とはこういうものだ」「あいつはこういう人間だ」「世の中はこういうものだ」というように、決めてしまうと、成長するという事がないのだ。最近は「しらけ」の時代だといわれている。無気力、無責任、無関心の出発点は、自分で勝手に「世の中とは、人生とはこういうものだ」と決めこんでしまうところにある。親鸞さまは生涯、人生とはこういうものだ、などと決めこむ事のなかった人である。だからこそ生涯、明るく生き生きと、精神的老化現象などなかったのであろう。

五濁増《ごじょくぞう》のときいたり
　疑謗《ぎほう》のともがらおおくして
道俗《どうぞく》ともにあいきらい

修《しゅ》するをみてはあたをなす

『高僧和讃』

（人間らしさが失われ、何が正しいのかまちがっているのか、見分けのつかない時代がやってきた。出家者も俗人も自分が正しくて人がまちがっている、という物差しにしがみつき自分の考えに合わない道を歩もうとする者を見ては妨害しようとする。）

と、親鸞さまは、知らず知らずのうちに心の動脈硬化がはじまっている事を鋭く指摘されているのである。

つくべき縁《えん》あればともない、はなるべき縁あれば、はなるることのあるをも、師をそむきて、ひとにつれて念仏すれば、往生すべからざるものなりなんどいうこと、不可説《ふかせつ》なり。

意訳

（めぐりあうご縁があれば、いやでも一緒になり、別れなければならないご縁があれば、一緒にいたくても離れて行く、というのが自然の道理なのに、「私にそむいて、他の人について念仏の教えを受けるような者は、阿弥陀の明るい世界にめざめて行けるはずがない」などと言い威《おど》すのはもってのほかの事である。）

私もそうだったのだよ

つくべき縁《えん》あれば伴《ともな》い、離るべき縁あれば離るる。こんな言葉を私たちは不注意にも何度読みとばしてしまった事か。気がついてみれば、これこそ念仏の教えのポイントではないか。生活に問いのない者にとっては、「こんな言葉はあたりまえの事を言っている」としか受けとめられないにちがいない。だがひとたび自分がどうにもならぬところに追いつめられた時、こういう言葉はズシンと胸にひびいてくるのである。

結婚式の祝辞などで、「よくご縁《えん》がありまして」などという言葉が使われる。どうやらこの世の中では、この「ご縁」という言葉はおめでたい時とか、うれしい事があった時とか、とにかく自分にとって都合のよい時によく用いられるようである。だから、お葬式や交通事故に出会った時には「ご縁がありまして」などという言葉を耳にした事がない。ただ、他人の結婚話が破れた時などに「これはご縁のものだから仕方がない」などと言う事がある。この言葉で割り切ろうとするのである。

縁は私たちの生活の条件なのだから、都合のよい条件も都合のわるい条件もみな含まれるはずなのだが、実際には、都合のわるい困った事は、思いがけないことから自分の前に現れるので、それを落ちついて受けとめていく構えができていないのであろう。だから、「どうしてこんな事になってしまったのだろう」「こんなはずではなかった」「何で私だけこんなひどい目に会わなければならないのでしょうか」と、眼の前が真っ暗になってしまう。他人の事なら、急病で死のうと、家が火事で全焼しようと、子どもが試験に不合格になろうと、商売があがったりになろうと、かわいそうにと思うけれども、そういうことも長い一生にはよくあることだ、と思うのであろう。びっくりする事はあっても、納得《なっとく》が行くのである。ところが、いざそれが自分の事となると、どうしてもそれが私にまちがいなく与えられた条件である、と納得する事ができなくなっているのである。中学校や高等学校で「これから出て行く実社会は決して甘いものではない。楽しい事ばかりではない。苦しい事、つらい事、悲しい事、腹のたつ事、などがあとからあとから起きてくる。だが、そういう事に負けてはならない。がんばって乗り切って行く事が大切だ」と、繰り返し教えられてきているし、まわりの後輩や子どもたちにもそう教えてきたではないか。みんなどうすればよいのか、人間はどう生きるべきかという理論はよくわかっているのである。とところが、いざ自分がその思いがけない事にぶつかると、手も足もでなくなる。他人の事には十分役に立っていたはずの処方箋《しょほうせん》が、自分の事になると、さっぱり効《き》き目がなくなっているではないか。人生は旅路だといわれるが、自分が傍観者になって他人の問題を論じている時には、その歩むべき道がはっきり見えているのに、いざ自分が歩もうとする時には、その道が見えなくなっている。親鸞さまは、『教行信証』の中に善導大師の「二河白道《にがびゃくどう》の譬喩《ひゆ》」を引用されているが、その中に次のように教えられている。

この人すでに空曠《くうこう》のはるかなるところにいたるに、さらに人物《にんもつ》なし。多く群賊悪獣《ぐんぞくあくじゅう》ありて、この人の単独なるを見て、競《きそ》い来《きた》りてこの人を殺さんと欲《ほっ》す。

『観無量寿経疏《かんむりょうじゅきょうしょ》』

（人はこのように生きるべきである、人生とはこういうものである、と何でもよくわかっているつもりだった時には、にぎやかな人たちにとりかこまれて明るい道を歩んでいたはずだったのに、はっと気がついた時には、無人の荒野にとり残されていた。今まで頼りにしていた人も身につけていた知識も何の役にもたたなくなっているではないか。そうなった瞬間、今までバラ色の人生をつくっていたまわりの人たちや境遇が、逆に自分を苦しめ、いためつける怪獣に変身し、どう生きて行ったらよいか、全くわからない愚か者になってしまう。）

善導大師も親鸞さまも、どこかにそういう情けない奴がいる、と教えられているのではない。南無阿弥陀仏の教えに育てられて、つくづくわが身の愚かさを知らされたのである。浄土真宗はどこまでも弟子の道なのである。学んで偉くなって他人を指導して行くのではない。だからこの教えに育てられて行く者はどんなに世間的には偉い学者、すぐれた坊さんだと評価されている人であっても、一生涯念仏の教えを聞いて行くのである。自分の愚かさを知らされた者は、自分の道を求めずにはいられない。それはちょうど私たちが鏡を見るようなものである。鏡を見なければ、どんな顔をしていても、どんな姿勢で生活していても平気である。一旦鏡を見るならば、私たちは身づくろいし、姿勢を直さずにはいられないはずだ。どんなに修養を積もうと、どんなに自分をきたえようと、自分の親や子どもや夫や妻を亡くした悲しみはどうする事もできない。自分が積みあげてきた仕事や財産が一瞬のうちに水の泡となれば、だれだって茫然《ぼうぜん》とするにちがいない。自分が信頼しきっていた人から陰口をたたかれたり、裏切られて泰然《たいぜん》とかまえているわけにはいかない。

どんなにまわりから偉そうに見えても、どんなに口ではうまい事を言っていても、一皮むけばみんな愚か者なのである。愚か者は自分の都合でしか「縁」を考えられない。子どもが自分によりつかないで、おばあさんの所ばかり行くと言って歎《なげ》くおかあさんがいる。その反対に年寄りの所へ嫁が子どもをよこさない、と言って腹をたてるおばあさんもいる。大切なのは子どもがどのように成長していくか、であって、自分の都合のいいようにすることではなかろう。親鸞さまはたとえ自分にそむいて他の人の弟子になる人がいても、その人が阿弥陀の浄土に生まれて行くならばそれで十分ではないか、と主張される。子どもは私有物ではないのだ。自分の配下の従業員も決して自分のロボットではないのだ。みんなまちがいなく私から独立した人格なのだ。

つばめの育児法を見るがよい。子どもが大きくなって巣立つ日まで、自分の寝食を忘れて子どものためにえさをせっせと運び続ける。やがて成長した子つばめはお礼も言わずにさっさと飛びたって行く。でも母つばめは決してそれに対して腹をたてることはない。自分にご縁があるかぎり、その事のために全力をつくす。ご縁がなくなったら、未練がましく愚痴をこぼさない。だが人間さまは、あっさり未練を捨てられるほど単純ではない。愚痴をこぼすまいとすれば、表面だけとりつくろって内心はじっと我慢しようとする。だがそれでは明るくなれない。親鸞さまは、悲しかったら泣け、腹がたったら怒れ、ただそんな時に南無阿弥陀仏ととなえよ、と教えられているのである。「つくべき縁《えん》あればともない、はなるべき縁あれば、はなるる」この言葉には親鸞さまのあたたかい心がこめられているではないか。「おまえは悲しいだろう、苦しいだろう、腹がたつだろう。おまえは今、眼の前が真っ暗だろう。だが、それは決しておまえ一人ではないのだ。善導さまも法然さまも、念仏と共に生きて来た者は、みんな同じ体験をしてきたんだよ。みんな人に言えない苦労をしてきているんだよ。実は私もそうだったのだよ」と。

如来《にょらい》よりたまわりたる信心を、わがものがおに、とりかえさんともうすにや。かえすがえすもあるべからざることなり。自然《じねん》のことわりにあいかなわば、仏恩をもしり、また師の恩をもしるべきなり

と云々

意訳

(阿弥陀の底抜けに明るい心とめぐりあってはじめて生き生きとした明るい生活の原動力となる心がひらかれてくるのに、それを私が弟子に明るい心を与えてやったのだ、とでも錯覚して、その心を取り戻そうとでも言うのであろうか。そういう事は、絶対にあってはならないことである。だれでも阿弥陀の澄んだ眼《まなこ》によって自分のありのままの姿を知るならば、仏教を有難く思え、などと強制されなくても、阿

弥陀の明るい心にめぐりあえた喜びを味わうことができるし、私がおまえの先生だぞ、などと恩の押売りをされなくても、聞く人の胸には弟子であることの喜びが感じられてくるにちがいない、と親鸞さまは教えてくださった。)

無理のない信心

私たちは、信心という言葉をきくと、すぐ何かを一所懸命に信じることを頭にえがく。実際にお寺参りをする人でもみんなはじめは目に見えない仏さまを信じこむのが仏教信者だと思うのではなかろうか。だが、そういう先入観にとらわれてしまうと、この『歎異抄』のこころがわからなくなってしまう。親鸞さまは、この信心という言葉を次のように教えられている。

賢者《けんじゃ》の信を聞きて、愚禿《ぐとく》が心《しん》を顕《あらわ》す。
賢者の信は、内は賢《けん》にして外《げ》は愚《ぐ》なり。
愚禿が心《しん》は、内は愚にして外は賢なり。

『愚禿鈔』

（仏さまのこころをたずねて行くと、愚かな私の心の姿がはっきりしてくる。仏さまのこころは中味の精神生活が充実しているから、外側の暮らしはどんなにひどい生活をしていても全然苦にならない。それにくらべて、仏さまのこころを聞いて、はっきりしてくる私の心の方は、中味はからっぽで何もないので、外側だけいろいろなお面をかぶって他人にかっこうよく見せなければ落ちつかないのである。）

仏さまのこころをたずねて行くと、仏さまがわかるのではない。私の姿がはっきりしてくる。常識的に信心と言えば神仏を信じる事だが、神や仏がわからないのに、それを信じられるはずがないではないか。親鸞さまはそんなあいまいなものを信じなさいとは言わなかった。私たちの心は、いつも環境にとらわれてくるりくるりと動く。どうでもよい事にこだわって怒ったり、ねたんだり、悲しんだりしながら空《むな》しく時が過ぎて行く。人に親切にしようとか、良心に従って行動しようと言うけれども、結局はみんな自分の都合のよいように動いているだけではないか。

正月元旦になるとだれでも今年こそすばらしい年にしようと誓う。それなのに大晦日ともなれば、今年も思うように生活できなかった事を反省しているのであろう。決意したように実行しない人間は大うそつきにちがいない。他人が言ったように実行しなければ「あいつは信用できない」と思う。ところが自分の事になると、その大うそつきの反省を心から信じてしまっているのではないか。大うそつきが決意し、大うそつきが反省しているのだから、その生活に充実感などあるはずがない。だからどの学校でも、上級生は新入生に向かって次のように訴えるのであろう。「この学校へ入学したと思ったらもうあっという間に一年が過ぎてしまった。何もできなかったような気がする。あなた方新入生はこんなことにならないようにしっかりがんばって生活してください」と。生活がマンネリ化したとか、毎日がさっぱりおもしろくない、などと言うけれども、そうなった原因はどこにあるのだろうか。マンネリを打破し、生き生きとした明るい人生を歩む私がいないのではないか。猫の首に鈴をつければよいということはだれでもよく知っているのであろう。だがその鈴をつけようとしてたちあがっていく私がいないのだ。成り行きにまかせるならば無意識のうちにも、めんどうな事にはできるだけ手をださず、楽な方へ楽な方へと動いていく私たちの生活には、刺激を求めて動きまわる事はあっても、生きる感激はなくなっている。みんな、こんな事ではいけない、何とかしなければ、と思っているのであろう。それなのになぜ同じ事を繰り返しているのか。

親鸞さまは、それは自覚が足りないからだとか、反省が足りないからだとか、努力不足だからだ、ときめつけてはいない。自覚せよ、反省せよ、努力せよ、子どもの頃から何百回何千回となく聞き、その都度《つど》、しっかりしなければ、がんばらなければと、自分に言いきかせてきたにちがいない。だが、そのように実行することができたであろうか。悲しい事だが答は「否《ノー》」である。親鸞さまは、ただ念仏せよ、という法然さまの教えを語るのみ。どんなに努力してもだめ、どんなに反省してもだめ、だが歎《なげ》く事はない。ただ南無阿弥陀仏の教えに耳を傾けよ。だめな人はみんなそうして生きてきたのだ。親鸞さまにとって教えを聞くという事は、めざめた人のこころとのめぐりあいであった。「信」はめざめた人・仏のこころ、「心」は私の迷いの心と、親鸞さまは明確に用語の区別をしている。めざめた人のこころと私の心とのめぐりあいこそ「信心」にほかならない。そのめぐりあいによって思い知らされた事は、通常私たちが、自覚している、反省している、努力している、と思っていたのは、みんなうそ偽《いつわ》りであった、という事である。私たちがほんとうに反省したり努力できるのは追いつめられていよいよそうせずにはいられない時だけではないのか。学校の生徒はみんな勉強が嫌いだ。早く授業が終わらないかなあと時計をにらんだり、休みが早くこないかなあと日数を数えているではないか。そんな人が真剣に勉強するのは、いよいよ試験がせっぱつまってどうにもしようがなくなる時なのであろう。健康のありがたさは、病気で動けなくなった時にわかり、食べ物のありがたさは、食べるもののない時代でなければわからないのではないか。親の恩がわかるのは自分が親になって身体の弱い子や、言う事をきかない子をかかえて苦労して、はじめてわかるのであろう。

にせものは、はじめは美しく見えるが、だんだん色あせて輝きがなくなる。本物はあまり目だたないけれども、日数がたつにつれて本領を発揮してくる。自覚せねばならぬ、反省すべきである、努力あるのみ、仏さまのご恩を忘れるな、師にそむくとは何事だ、と、まわりをむち打つことはやさしい。だが、それは波打際《なみうちぎわ》に砂の山を築くのと似ている。力で押している時だけは何とか形を保つことができるが、力を抜くともとの木阿弥《もくあみ》となる。どこかに無理があるのだ。

仏さまの恩、先生の恩、親の恩は、強制されてわかるものではない。教えを聞いて行く人生のさまざまな思いがけないご縁を通して、時節が到来すれば何の無理もなくうなずくことができるようになる。「自然《じねん》の理《ことわり》」、何というすばらしい言葉なのだろう。「阿弥陀さまを信じなければならぬ」とか、「信心しない者はだめだ」とかいう強制や、言いきかせが何一つ不用である、というところに真宗の教えのありがたさがあるのではなかろうか。

第七章（歎異抄・聖典六二九頁）

一、念仏者は、無碍《むげ》の一道なり。そのいわれいかんとならば、信心の行者《ぎょうじゃ》には、天神地祇《てんじんじぎ》も敬伏《きょうぶく》し、魔界外道《まかいげどう》も障碍《しょうげ》することなし。

意訳

（念仏の教えに育てられて生きる者は、何ものにもわずらわされることのない明るい人生を歩んで行く。なぜならば、だめな人生などないぞ、と問いかけられる阿弥陀の親心にめぐりあったならば、それまで私の運命を決めていた天の神、地の神も、吉凶禍福《きっきょうかふく》に惑わされなくなった念仏の人生を心から祝福するにちがいないし、今まで私を動かしていたどんな甘い誘惑も、あるいは私を説得して従わせようと迫るいかなる主義、主張も、私を束縛し、私に対立するものではなくなるからである。）

雑草の自覚

「無碍《むげ》」という言葉と似ている言葉を私たちの生活の中から拾えば、「自由」という言葉がすぐに頭に浮かぶ。だが「自由」とは束縛をはねのける、邪魔物を取り除く、圧制、弾圧から解放される、というように、自分の都合のわるいものを自分の努力で押しのけ獲得して行く、という意味を含んでいる。現代の社会は、この「自由」という考え方で動いていると言っても過言ではなかろう。例えば、民主主義は多数決の原理で動いてゆく。多数決という決め方は、専制君主や独裁者を追放し民衆の権利を守ることには大きな働きをした。しかし、多数が正しいとはかぎらないという事も一面にはある。だから、多数の意思を通せば、必ず少数者は不満を持つ。多数者の自由を主張すれば、その陰に少数者は切り捨てられ、泣き寝入りしなければならない。「自由」という言葉の歴史をたどるならば、ヨーロッパの宗教界で血を流し合う問題にまでなった「正統」と「異端」の論争が目にとまる。ある宗派の教理を正統と認めれば、他はすべて異端として退《しりぞ》けられる。世界の戦争は、みんなこの正統と異端との争いではなかったのか。自分の自由を主張するためには他を抹殺《まっさつ》しなければならない。この考え方が私たちの生活の中に根づいてきてはいないだろうか。西洋医学は人間を病気の束縛から解放するために強力な薬品を生みだした。自分が生きて行くのに都合のわるい病原菌はすべて絶滅させようという方法なのであろう。だが病原菌の方もその薬品に対抗してより強力な抵抗力を身につけるようになるから、シーソーゲームを演ずることになる。より強い薬品を、という方向には、副作用というお返しが待っている。東洋医学は、すぐには効き目がなくても長い眼で見れば副作用がない薬品を生みだしてきた。それは病原菌を抹殺するのではなく病原菌と共に生きる方向だったのではないか。

熊が付近の山に出没するという事を聞くと、「そんな熊は早く探しだして殺してしまえばいい」と平気で言う。そこには「熊にまたがり相撲《すもう》のけいこ」と歌われるような共存の姿勢は全く感じられないのであろう。果樹や米や麦や野菜に虫がついて困る。それでは強力な農薬を散布して虫を殺してしまえばよい。こういう正統と異端の発想が、螢《ほたる》がとびかう風景を追放し、魚や貝の住める小川を抹殺してしまったのではなかろうか。

正統と異端の発想は、育児教育の世界にまで喰い入ってきている。「私の言うことを聞けば味方、言うことを聞かない者は敵」という発想は、過激集団の学生の専売特許ではなく、現代っ子に共通する姿勢ではないか。それどころか、その子たちを育てているおかあさんの発想法も、全く同じではないか。

親鸞さまが、念仏者は無碍の人生を歩む、と言われるその「無碍」とは、自分を束縛する他者と力で争って勝ちとる自由ではない。そうかといって、消極的に自分のからの中にとじこもってあきらめたり、自己満足したり、やせがまんすることではない。『歎異抄』を座右《ざゆう》の書としてきた先輩たちは、この「念仏者は無碍の一道なり」という事は「生死即涅槃《しょうじそくねはん》」（落ちつくことのない日常生活が、そのまま落ちつくことのできる世界の素材になる）という事だと教えられてきた。それは一体どういう事なのか。親鸞さま自身の体験にたずねてみよう。

円融至徳《えんゆうしとく》の嘉号《かごう》は、悪を転じて徳を成《な》す正智《しょうち》、……

『教行信証・総序』

（この世のかたちの差別にとらわれることなく、あらゆるものが一つに溶け合い美しく輝く南無阿弥陀仏の教えこそ、どんなに色あせたみじめな境遇でも、そのまま生き生きとよみがえらせるまことの明るいこころのはたらきであり……。）

この親鸞さまの感動の表現は、「無碍」とは何者にも打ち勝たなくてもよい、このままで明るく生き生きとよみがえる事だということをあきらかにしているではないか。

念仏の教えに育てられて行く者には天の神、地の神が敬いひれ伏すと説かれている。念仏の教えにめぐりあわなければ、人間らしく生きようとすれば、神さまに向かうより他に道はない。神の名を立てる宗教は必ずご利益《りやく》と天罰が説かれる。神の心(良心)のままに生活する者は天国に生まれる、神の心にそむく者は罰を受けて奈落《ならく》の底に沈む、といわれる。念仏以前の精神生活は、みなこの神を恐れることによって人間になろうとしたにちがいない。だが神の心のままに生きるという事は模範生になる事にほかならない。したがって教科書通りに生きる事ができない者は神に見放された人生を歩まなければならなかったのではなかろうか。

念仏者は、模範生にはなれないが、神に見放され、天罰を受けるという不安はない。なぜならば、念仏の教えはいつの時代にあっても、ほんとうの苦労人にささえられてきたからである。どんな境遇にあってもその味をかみしめながら、黙々と生きて行く生活には、幸、不幸、吉凶、損得の物差しは色あせて見えるから、いかなる神も指一本ふれることはできない。人生の落第生でありながら、神々の願いを満足させる道を見いだしたのが親鸞さまであった。

かなしきかなや道俗《どうぞく》の
良時吉日《りょうじきちにち》えらばしめ
天神地祇《てんじんじぎ》をあがめつつ
卜占祭祀《ぼくせんさいし》つとめとす

『愚禿悲歎述懐和讃』

(悲しい事に出家者も俗人も、このままの生活で明るく生き生きと起《た》ちあがる事のできる念仏の教えに背を向けて、この日は縁起がよいとか、この日をえらぶと不吉な事が起こる、などという思いにとらわれて、天の神、地の神のたたりを恐れ、うらないを信じ、見えない神々の怒りをしずめる祭りに一所懸命になっているではないか。)

これが七百年も昔の人の言葉なのだ。私たちは、最も進んだ時代に生きているのに、その精神生活はいまだに迷妄の世界をさまよってはいないだろうか。

念仏者は、魔界に誘惑されることはないし、外道《げどう》に束縛される事がない。悪魔の世界は人の心の弱さをあきらかにするものであろう。私たちは底なしの欲望に支配されて生きている。何か一つ手にはいると、また別の欲望が頭をもたげてくる。欲望が限りないという事は、見るもの聞くものすべて自分を誘惑するものになる、という事であろう。悪魔は決して恐ろしい姿で私たちの前へ現れることはない。いつも甘い誘惑のかたちで現れるから悪魔が大嫌いだなどという人はどこにもいないのだ。頭の中で考えたような悪魔はいない。悪魔はその人の都合のいいように、できるだけ欲望に逆《さか》らわぬように登場する。だから他の人が「そんな事やめた方がいいですよ」と忠告してくれたとしても、絶対に耳にはいらないのであろう。自分の行く手がバラ色に輝いてみえるからである。だが悪魔は最後まで責任を持ってはくれない。ハッと気がついた時はもう遅いのだ。「どうしてこんなばかな事に手をだしたのだろう」「こんな事になるのがはじめからわかっていたら、やらなかったのに」と後悔するばかりなのであろう。

念仏の教えと共に歩む者は、どんな生活も自分に与えられた大事な学習の場となる。一刻一刻おかげさまで生きている者は、外からの誘惑によって生活が支配されることはない。悪魔はすべて遠ざかっていく雷鳴のように、私の人生とかかわりのないものとなる。

現代の外道《げどう》とは、知識を武器としてふりかざし、他人を自分に従わせようとする者であろう。〇〇主義、〇〇思想、世の中は知識人で充満し、各々自己を主張し、他を服従させようとする。偉い人の世界は、権力と反権力の闘争が絶えない。権力に反対する者も自分がその争いに勝つと権力者に変身する。思想も主義主張も、表面だけを見ていると、どれも非のうちどころのない、世のため人のための理論にちがいない。だが実際には、その思想、主義主張をスローガンにかかげながら、それを利用して私利私欲の満足にきゅうきゅうとするというのが偽《いつわ》らざる姿ではなかろうか。

念仏の教えに育てられて行く者は、権力者になる必要がないし、反権力者になる必要もない。そのいずれも大地を離れた偉い人の世界だからである。念仏者はだれの言う事にでも耳を傾けることができる。だがそれにふりまわされる事はない。念仏する者は、本来、武器にたよったり、権力にたよったりする必要のない野の雑草なのである。踏みつけられれば黙って踏まれ、風雨にいためつけられれば懸命に大地にしがみついている。だが、嵐が立ち去ればまた何事もなかったように生き生きと伸びていく。みんなに羨《うらや》ましがられる温室の花の美しさを手に入れようとするならば、雑草は生涯悩まなければならない。だが、念仏の教えにめぐりあった雑草は、温室の花になる必要はなくなる。すばらしい明るい生き生きとした雑草によみがえるのである。親鸞さまの教えは、どこまでも「群萌《ぐんもう》」（群れをなして生きて行く雑草）のための救いなのである。

罪悪も業報《ごうほう》を感ずることあたわず、諸善もおよぶことなきゆえに、無碍《むげ》の一道なりと云々

意訳

（念仏の教えに育てられて行く者は、どんなひどい目に会っても、これこそかけがえのない私の人生だ、と引き受ける事ができるから、眼に見えない恐ろしいもののたたりだなどと信じておびえることはない。また、たとえどんなによい境遇にめぐりあったとしても、念仏に育てられていく喜びには遠く及ばないから、念仏者は何

ものにもわずらわされない明るい人生を歩むというのである。)

ごまかしのない道

お役所のビルの工事に、神主さんを呼んできて地鎮祭をしてもらう、という事が憲法違反かどうか裁判所で争われた。憲法違反かどうかという争いなら法律の問題としてどちらかに決着をつければそれでおしまいになる。だが、それでおしまいにならない事がある。それは、なぜ地鎮祭をやるのか、という事である。地鎮祭を辞典で引くと「建築にとりかかる前に、土地の神を祭って工事の無事を祈る式典」と記されている。近代の科学の粋を集めて一流の知識と技能をそなえた専門家たちが行う建築工事の安全を神さまと取引きしなければならないのだ。「いや、そんな目に見えないものの、呪《のろ》いなど信じてはいない。ただ慣習として儀式を行うだけだ」と言うかもしれない。だが現実は決してそんな形式的な事で終わってはいない。工事が順調に進み、何も事故がなければそれだけのことである。ところがもし思いもかけなかった転落事故が続くとか、工事関係者に何人も病人がでたりすると、「あの時地鎮祭をやっておけば、こんなことにならなかったろうに」とか、「あの敷地に祀《まつ》ってあった神さまの祠《ほこら》を取りこわしたばちがあたったのだ」などと非難される。そうなると、はじめはせせら笑っていた偉い人たちも、まじめになって厄除《やくよ》けの行事をするようになる。時代の最先端を行く教養のベールにつつまれている知識人も、一皮むけば、その精神生活は原始人の時代と少しも変わってはいないのだ。

たたりを恐れ、呪いを感ずる者は、必ず非人間的な、人に怨《うら》まれてもあたりまえのような負い目をかかえているにちがいない。他人に無実の罪を着せたとか、人に言えない悪事を働いてしまったとか、自分がいじめた人が亡くなったとか、そういう暗い事実をかかえている者の生活は決して明るくない。困ったことには、私たちの生活では自分の意思にかかわりなくそのような場面に立たされることがあまりにも多すぎるのである。

仕事上、そうすれば必ず相手が倒産するという事がわかっていても、人をだしぬかなければならないという事もあるのではないか。あるいは、これは公共事業だからという名目のもとに、強制的に個人の家屋を移転させたり、畑をつぶさなければならない、などという事も多いのであろう。そんな時、どんなに「私がわるかったのではない、やむをえなかったんだ」と言いわけしても、悲惨な現実を目前にすると、どうにもならない、やりきれない思いだけがあとに残るのではなかろうか。原始の世から受け継がれてきた地鎮祭、慰霊祭、厄除《やくよ》けの祈り、などの信仰は、本来、人間の力の限界を自覚する素朴な儀式であったにちがいない。ところが、現在はその儀式を交通事故の際の保険金の支払のように、自分が感じているやりきれない心の負い目を返済する自己満足の手段にしてはいないだろうか。

念仏者は、自分の力で人を救うことは不可能であることを自覚する者である。人はすべて阿弥陀の本願によって救われる、という事をあきらかに知った者は、どんなに怨《うら》まれても、どんなに憎まれても言い訳する必要がない。ばちがあたろうが、呪《のろ》われようが、それが当然である、と頭がさがる者はもう見えないもののたたりを恐れることはない。だからこそ真宗門徒は昔から、日をえらばず、方角をえらばず、縁起《えんぎ》をかつがず、厄除け祈とうや、施餓鬼《せがき》をせず、まわりの人たちから「門徒物知らず」と軽蔑されながらも、いかなる迷信にもとらわれない明るい精神生活を維持する事ができたのである。偉い人たちでさえ目に見えないものを恐れ、厄除けを自己の正当化のために利用しなければならないような世の中にあって、こんなすばらしい心の伝統を受けつぐ事ができるのは、まことにありがたい事といわなければならない。

念仏の教えに育てられて行く者は、諸善《しょぜん》（すばらしく見える境遇）に目をくらまされる事はない。念仏の教えにめぐりあわなかったら、この世は運のよい人が勝ち誇り、不運な者は、身の不幸を歎《なげ》かなければならないのであろう。諸善に支配される人生は、スタートはバラ色ではじまりだんだん暗くなっていくにちがいない。天真爛漫《てんしんらんまん》な子どもの頃は、夢と可能性を頭の中にえがいて明るい生活ができる者もいるが、その可能性は年を重ねるにつれて狭《せば》まり、夢は一つずつ破れて行くのであろう。明るい顔は大きくなるにつれて少なくなり、「何で私だけこんなひどい目に会わなければならないんだろう」と世を呪い、「こんなうだつのあがらない事をやっていて一生を送らなければならないのか」とあせり、「昔はよかったのに、もうこんな年になってしまって」と歎き悲しみあきらめる。みんなうたかたの夢に酔うことがあっても、暗い方向に歩んでいることは疑いないのであろう。

念仏の教えは、その暗い方向へ進んでいく私たちの人生をそのまま生き生きとした生涯によみがえらせる教えである。

諸善万行《しょぜんまんぎょう》ことごとく
至心発願《ししんほつがん》せるゆえに
往生浄土《おうじょうじょうど》の方便《ほうべん》の
善とならぬはなかりけり
『浄土和讃』

(私たちの日常生活や努力は、このままでは、たとえ今美しく輝いて見えていても必ず色あせて空《むな》しい人生になってしまうであろう。だが、念仏の教えには、どんな人生でも必ずよみがえらせて明るく生き生きとさせずにはおかない、という阿弥陀の親心がこめられている。だから教えに導かれ育てられて行く人生においては、むだな生活などどこにもないのだ。どんな行いもみな明るい生き生きとした人生の大事な素材に生まれ変わるのである。）

どんな素材を使ってもすばらしい料理をつくりあげる一流の料理人のように、念仏の教えに育てられて行く人生にあっては、その素材が生き生きとよみがえるのである。そこにどんなにすばらしい境遇にあっても、決してのぼせあがることなく、どんなにみじめな境遇にあっても、決してあきらめる必要のない明るい人生を歩む道が開かれているのである。

第八章

（歎異抄・聖典六二九頁）

一、念仏は行者のために、非《ひ》行《ぎょう》非《ひ》善《ぜん》なり。わがはからいにて行ずるにあらざれば、非行といぅ。わがはからいにてつくる善にもあらざれば、非善といぅ。ひとえに他力にして、自力をはなれたるゆえに、行者のためには非行非善なりと云々

意訳

（念仏の教えに育てられて行く生活はその道を歩む者にとっては、偉い人になるために努力を積み重ねているのでもないし、世のため人のために善《よ》い事をしているのでもない。なぜならば自分の能力で修行しているのではないから、偉い人になるための努力だとは言えない。またよい事をしようと思って生活しているわけではないから、別にほめられるようなものではない、と言うのである。念仏はただ阿弥陀の

眼《まなこ》をとおして生活させていただくのであって、私が何かのご利益《りやく》を期待して行う修行ではないのだから、念仏の道を歩む者にとっては、努力の積み重ねでもないし、ほめられるに値《あたい》する行いでもないのであると、親鸞さまは教えてくださった。）

決めるな！

「お念仏がよくわからない」と言う人は多い。どうしてわからないのか、どうやらみんな自分勝手な理屈をつけて、念仏を納得しようとするところに、念仏がわからなくなる根っこがあるようである。

私たちの日常生活では、物事を考えるのにそれが何の役にたつか、という物差しがあたりまえのように使われている。大学の受験に役に立つ勉強なら懸命に努力するが、役に立ちそうもない、ということになるといい加減にやる。自分が世の中から認められ、ほめたたえられるような仕事なら喜んでやるけれども、どんなに努力しても縁の下の力持ちになるだけだという仕事には魅力を感じない。絵を見ると、高く売れるかどうかだけを問題にし、子どもに読ませる絵本ですら、ためになるかどうかだけを問題にする世の中である。だから何を見ても役に立つかどうかをまずまっさきに考えるくせがついてしまっているのであろう。

だから、念仏がでてくれば当然「念仏して何か役に立つことがあるのか」と、すぐ考える。「気持ちを落ちつかせるため」とか、「災難を逃れるため」とか、「先祖供養のため」とか、何か理屈をつけないと落ちつかなくなっているのではなかろうか。念仏を自分の都合のよい目的を達成する手段、道具にしてしまっているのであろう。

蓮如さまは、そのことについて、

他宗《たしゅう》には、親のため、また、何のため、なんどとて、念仏をつかうなり。聖人《しょうにん》の御流には、弥陀《みだ》をたのむが念仏なり。そのうえの称名《しょうみょう》は、なにともあれ、仏恩《ぶっとん》になるものなり。

『蓮如上人御一代記聞書』

(常識の世界では、親の冥福《めいふく》を祈るためとか、何か自分の都合のよい目的のために念仏するのだと思われている。だが、親鸞さまの教えの流れを汲む者にとっては、「だめな人などどこにもいないぞ」と呼びかけられる阿弥陀の親心に私のすべてをまかせるのが念仏なのである。そして思いがけなく生き生きとした明るい人生にめざめた上の念仏は、すべて阿弥陀の世界のすばらしさをたたえる喜びの表現にほかならない。)

と教えられている。弥陀をたのむ、という事は、自分の力でどうもがいても生活はまちがいなく真っ暗な方向へ進んでいくだけだ、という事を身にしみて知ることにほかならない。阿弥陀の世界は、この世の苦労人が気がついた世界なのだから、何不自由なく、恵まれたエリートコースなど歩む人には、単なる知識として記憶にとどめられる事はあっても、弥陀をたのむ喜びなど、実感として味わえるはずがないのであろう。だから、南無阿弥陀仏ととなえるのが念仏だと説明されると、南無阿弥陀仏《なむあみだぶつ》と発音する、というかたちしか見えないにちがいない。蓮如さまは、

ただこえにいだして念仏ばかりをとなうるひとは、おおようなり。それは極楽《ごくらく》には往生せず。この念仏のいわれをよくしりたるひとこそ、ほとけにはなるべけれ。　『御文』

(念仏せよ、と教えられて、ただ南無阿弥陀仏、と発音することだと思う人は、かたちにとらわれて、こころを見失っている人といわなければならない。それでは生き生きとした明るい世界に向かえるはずがないではないか。この南無阿弥陀仏のこころがしみじみとこの身に感じられるようになった人こそ、まちがいなくめざめた人となるにちがいない。)

と、明確に教えられているではないか。昔、お念仏の教えを喜んだ人の中には文字一つ満足に読み書きできない人もいたにちがいない。みんなに馬鹿にされながら下積みの生活に甘んじていた

人もいたであろう。毎日の生活に何一つ夢も希望もいだけなかった人たちが、念仏の教えにめぐりあって、生きる喜びを知る事ができたのである。彼等は口々に南無阿弥陀仏ととなえた。だがそれは決してただ発音していたのではない。その口にでる南無阿弥陀仏の一声一声のうちに、この世の見せかけの幸福追求のむなしさと、だめな人は一人もいないという阿弥陀のこころのすばらしさをかみしめることができたにちがいないのである。

それなのに現代に生きる私たちは、南無阿弥陀仏も、コンピューターからはじきだされる符号と同じように、かたちとしてしか見ることができなくなっているのではなかろうか。昔の人たちは、漢字の一文字のうちにもかぎりない広がりを肌に感じることができたのではなかろうか。どの言葉もみんな生きていたのだ。ひるがえって私たちの生活を見るとき言葉はみな符号となり、一つ一つ理屈をつけなければ理解できないような、冷たい機械のような毎日になってはいないだろうか。文明は進歩しているはずなのに、その精神生活はむしろ退歩してきているのではないか。「ただ念仏して、弥陀にたすけられまいらすべし」こんな簡単な表現で法然さまの心が親鸞さまにわかり、親鸞さまの心が唯円さまの心に通じ合ったのだ。今の私たちは、それだけではわからない。いろいろ補足したり、理屈をくっつけたりしないと納得しないではないか。

念仏の教えをたずねて行くことは、決してよい事を積み重ねているのではない、と教えられている。どんなに寺参りをしても、毎日お経を読んでも、祖先のためにお墓をつくっても、それは何の役にもたちませんよ、と親鸞さまは教えてくださるのである。仏事（念仏の仕事）は、日常の仕事と異なり、どれだけ一所懸命にやっても偉い人になるのではない。お寺参りをしていつもありがたい法話をきいていると、いつのまにか寺に無関心な人にくらべて、自分は人間がましになったような気がするのではないか。親鸞さまは、そんな事をしたって少しも人間がよくなるはずがない、と説かれているのである。あるいは仏教精神による教育をスローガンとしている幼稚園に子どもを学ばせると、みんなよい子になると思っている。みんな宗教教育とよい子にする道徳教育がごっちゃになっている。念仏は行者にとって善ではない、というのは、そんなよい子にならなくてもよい場が与えられている、という事なのである。学校へ行くと先生が「よい子になれ、よい子になれ」と言う。うちへ帰るとおかあさんが子どもをつかまえてまたよい子になれ、よい子になれと言う。そういう教育にだれも疑問を持っていないようである。だが、そういう自分が一日中よい大人になれと言われたらどうだろうか。窮屈でたまらなくなって逃げだしたくなるのではなかろうか。みんな一日中いい顔をしているなんてことはできないのである。息ぬきのできる場所を持っていないと生きていけないのではないか。大人も子どもも、「よい子になれ、わるい子になるな」という善悪の鎖にしばられて、朝から晩まで他人の前ではよい顔をするようにつとめているのではなかろうか。だが、そんなお面をつけてよい顔をする生活に落ちつけるはずがない。あらたまった会議、座談会、学校のホームルームなどで、「何か意見がありませんか」などと言うときには、なかなか本音《ほんね》の声は聞かれない。みんなよい着物を身につけて、お客さんになってお座敷で正座しているからである。ほんとうの話がでるのは、学校では休み時間、職場ではお茶やお酒を飲みながらくつろいで話す時、家庭では茶の間でふだん着のまま話す時ではなかろうか。

念仏の生活には、こうしなければならないというお面をかぶらなくてもよいのである。素顔のまま、無理によい子にならなくてよいのだ。みんなが、そのままいいかっこうしなくてもよい場所に帰る、それが念仏生活なのである。子どもがふくれっ面《つら》をする、と言って歎《なげ》くおかあさんがいる。だが、おかあさんの前だからこそ子どもは安心してふくれっ面をすることができるのではなかろうか。だめな人は一人もいない、という阿弥陀の本願をわからなくする原因は、「はからい」である。念仏は、わがはからいにて行《ぎょう》じたり、つくるものではないと教えられている。「年をとったからもうだめだ」とか、「こんな身体ではもうだめだ」とか、「こんな成績だから、こんな学校しかはいれないから、こんなつまらぬ仕事をしているから、こんな目に会ったから、こんなことになってしまったから……もう私はだめだ」と、自分で決めて（はからって）自分の人生を暗くしてはいないだろうか。私たちの生活は、自分勝手に決めなければ青空のように明るいのだ。できなくてもよい、思い通りにならなくてもよい、どんなに年をとってもよい、という人生は、生き生きとしている。念仏は、決めるな、決めるな、というめざめた人の親心がこめられているのである。今からでも決して遅くはない。決める必要のない人生をスタートしようではないか。

第九章

（歎異抄・聖典六二九〜六三〇頁）

一、「念仏もうしそうらえども、踊躍歓喜《ゆやくかんぎ》のこころおろそかにそうろうこと、またいそぎ浄土《じょうど》へまいりたきこころのそうらわぬは、いかにとそうろうべきことにてそうろうやらん」と、もうしいれてそうらいしかば、「親鸞《しんらん》もこの不審《ふしん》ありつるに、唯円房《ゆいえんぼう》おなじこころにてありけり。よくよく案じみれば、天におどり地におどるほどによろこぶべきことを、よろこばぬにて、いよいよ往生《おうじょう》は一定《いちじょう》とおもいたまうべきなり。」

意訳

（「私は、毎日お念仏の教えをきかせていただいてきましたが、天に踊《おど》り地に躍《おど》るような喜びが湧いてこないし、また、今すぐ生き生きとしためざめた世界に行かなければ、というせっぱつまった真剣な気持ちもあらわれてきません。これは一体どういうわけなのでしょうか」と、親鸞さまにおそるおそるおたずねしたら、「何だ、この親鸞もかねがねそう思っていたが、唯円房よ、おまえもそうだったのか。だが、心配することはない。よくよく考えてみると、ほんとうは天に踊り地に躍るほどに喜んでもいいはずなのに、実際にはそんな気持ちになれないからこそ、私たちはまちがいなく明るい人生にめざめて行くことができる、と思ってよいのだ。」

親　友

唯円さまは、おそらくおそるおそる親鸞さまにたずねたにちがいない。なぜならば、もうすでに長いあいだ親鸞さまのもとで念仏の教えを学び、まわりの人たちから見れば、念仏の教えについて何でもわかっている先生の一人なのだから。その先生格の唯円さまが、この年になってまだ救われた喜びが湧いてこないなどと告白すれば、親鸞さまはきっと、「何となさけない奴だ。おまえは何年仏法を聞いてきたのだ。喜べないのはおまえの修行が足りないからだ」と、どなりつけるにちがいない。そんな思いが唯円さまにもあったのではないか。

ところが、親鸞さまから「私もかねがねそう思っていたが、おまえも同じだったのか」という思いがけない言葉がかえってきたのである。ちょっと考えると妙な話である。念仏して浄土に生まれる、と説き聞かせていた親鸞さまが、「実は私も喜びの心が湧いてこない」というのだから、知らない人が聞けば「何だ、親鸞さまも何もわかっちゃいないじゃないか。そんなあやふやな事を今までまじめに聞いてきて損をした」と思う人がでてきても決しておかしくないのであろう。だが、長い間仏法《ぶっぽう》を聴聞《ちょうもん》してきた唯円さまは、この親鸞さまの言葉にふれて、きっと涙を流して喜んだにちがいない。

この親鸞さまと唯円さまの対話を聞いていると、仏法を聞く、ということがどういうことなのかはっきりしてくる。最近は、『歎異抄』という一冊の書物に向かう場合、「もし自分が納得できるものだったら信じよう、納得できないようなものだったら聞いたって仕方がない」という発想をする人がふえてきた。講演会でも同じ。「きょうの講師が参考になるようなよいお話をしてくれるなら聞こう。そうでなかったら、ばかばかしくて聞いたって仕方がない」と思うのではないか。だから、「念仏の教えを聞いても喜べない」という事になると、「それは念仏の教えがインチキだからだ、ごまかしの教えだからだ」と、ふりむいてもみなくなるのであろう。つまり、教えを向こうのまな板の上にのせて観察し、「これはよい教え、これはつまらぬ教え」「これはためになる教え、これは何の役にもたたない教え」というように自分で決めていく評論家になってはいないだろうか。そういう聞き方をすると、やがて自分に都合のよい書物を読み、自分に都合のよい講師の話しか聞くことができなくなる。

一句一言《いちごん》を聴聞《ちょうもん》するとも、ただ、得手《えて》に法をきくなり。ただ、よく聞き、心中《しんじゅう》のとおり、同行《どうぎょう》にあい談合《だんこう》すべきことなり。

『蓮如上人御一代記聞書』

（困ったことに私たちは、教えを聞いているつもりでいても実際には、一つの文章、一つの言葉でも、まともに聞いていないのではないか。みんな自分の都合のよいように勝手に解釈してわかったようなつもりになっているだけではないのか。教えは理屈をつけずに素直に耳を傾け、はっきりしないところは同じ道を行く仲間たちにたずねて、今自分の一番大事なことをはっきりさせて行こうではないか。）

心すべき教えである。はじめて念仏の教えにめぐりあった時には、とても新鮮な感激があったのであろう。ところが、長いあいだ聞いていると、知らず知らずのうちに、何でもわかってしまったような錯覚に陥《おちい》る。そうなると、書物を読んでも、何か珍しい事が書いてないか、参考になる事が書かれていないか、という読み方になるし、仏法のお話を聞いても、あそこをあの先生はどういうふうに言いあらわすだろうか、何か話の種になるうまい話をしないだろうか、という聞き方になる。それではもう道を求める者ではなく、知識を得て偉くなろうとしているだけではないか。

「念仏もうしそうらえども」という唯円さまの問いには、教えが正しいかどうかというような評論家的な態度は感じられない。「どうして私は喜べないのか」と、自分の聞く姿勢が問題になっているのである。しかも長年聞いていて、まわりから見ればもう大先生。その先生が私はまだわかっていない、と告白するのだから、当然自尊心が傷つくにちがいない。だから普通ならだれもそんなことを親鸞さまにたずねたりはしない。わかっているような顔をしていればまわりの人たちは、偉い人だと言って尊敬してくれるのだ。それなのに今さら自分の顔に傷がつくような事をわざわざ言う必要がどこにあろうか。

だが唯円さまにとって、親鸞さまは自分の親と同じだったのではないか。その人の前では自分を飾ってみてもしょうがないし、その人の前ではどんなに叱られてもよかったのではないか。よい顔をせずに、何の警戒もなしに、素顔のままをぶっつければよかったのであろう。その唯円房と対話する親鸞さまは、阿弥陀如来の本願（めざめた人の眼《まなこ》）に導かれて一生を歩まれた人である。親鸞さまは念仏の教えとめぐりあってからは、自分が偉くなって人を指導する必要がなくなっていた。自分も唯円房も、みんな一人の人間として教えに導かれ育てられて生きて行く、それで十分だったにちがいない。だから親鸞さまにとっては、どんなに偉そうに見える人も、無知な人もみんな同じに見えていたのであろう。「私もそう思っていたが、唯円お前もそうだったのか」という親鸞さまの言葉には、何の無理も感じられない。自分を飾る必要もないし、肩をいからして弟子をどなりつけ、偉い人のお面をかぶらなくてもよかったのである。お互いに自分を飾る必要のない時に、私たちははじめてほんとうの対話をすることができる。さあこれから話し合いをしましょうなどと言わなくても、話の花が咲くのであろう。私たちは、話し合いがぎこちないとか、なかなか意見がでない、と言って歎《なげ》くことが多いが、それはどこかに無理があるのだ。親鸞さまと唯円さまのような人間関係が、今の世の中では、親しい人のあいだにもなくなっているのではなかろうか。

自分がおどりあがるほどに喜べないからこそ浄土往生はまちがいない、と親鸞さまは説かれる。言葉の表面だけ見ていると、矛盾だらけの変な話である。だが「この教えを聞いた者は必ず喜ぶはずである」という公式をたてるのは、自分勝手な解釈なのではなかろうか。教えを聞けばこうなる、こういうご利益《りやく》がある、と私たちが決めたようなものは弥陀の本願の救いではないのであろう。念仏の教えはあくまでも「弥陀の誓願不思議にたすけられまいらせて」と説かれるように、私たちの思いがけないところから開かれてくるのだ。

宗教という言葉をきくと、すぐおどりあがるような喜びの境地があるにちがいない、と想像する人が何と多いことか。だが「天に踊り地に躍る喜び」にも見せかけと本物があるのであろう。酒を飲んでうっとりと酔いしれるような喜びは一時的なもの、決して長続きせずに必ずもとに戻る。ほんとうの喜びは、その見せかけの喜びがあろうがなかろうが全く問題にならないところに感じられてくるのであろう。念仏の教えには「教えを聞く者は喜べるはずだ」という公式はない。そのような公式通りに喜べる人がいたら偉い模範生である。みんな模範生になれないと言って悲しむけれども、親鸞さまは「悲しまなくてもよいぞ、念仏の教えは落伍者のための教えなのだから」と説かれるのである。

「よろこぶべきこころをおさえて、よろこばせざるは、煩悩《ぼんのう》の所為《しょい》なり。しかるに仏かねてしろしめして、煩悩具足《ぼんのうぐそく》の凡夫《ぼんぶ》とおおせられたることなれば、他力の悲願は、かくのごときのわれらがためなりけりとしられて、いよいよたのもしくおぼゆるなり。」

意訳

(「ほんとうは喜べるはずなのに喜びが湧《わ》いてこないのは、欲望の眼《まなこ》がはたらいて目さきの幸せしか眼にはいらないからであろう。だが阿弥陀の大きなこころの世界では、そんな事ははじめからよくわかっていて、その欲望の眼でしか世の中を見る事ができないような者が、まちがいなくめざめて行ける道がここにあるぞ、と呼びかけられているのだから、阿弥陀の親心こそ、ほかならぬ私たちのための仏教なんだという事がよくわかり、とても力強く感じられるではないか。」)

みんな凡人なのだ

「欲望のかたまりで、浄土へ生まれようなんていう気持ちがこれっぽっちもない私が歩んで行ける仏道が浄土真宗なのだ」これが親鸞さまの教えのすべてなのである。私たちが「わからない、わからない」というのは、その事がよくわかっていないからなのだ。みんな、仏道というと、欲を断ち切った模範生たちが世俗の楽しみにわき目もふらず、むずかしい修行に挑戦し、その試練に打ち勝って悟《さと》りをひらいて行くことだと思っているのではなかろうか。

親鸞さまは、この誤解を解くために次のように教えられている。

それ以《おもん》みれば、信楽《しんぎょう》を獲得《ぎゃくとく》することは、如来選択《にょらいせんじゃく》の願心《がんしん》より発起《ほっき》す、真心《しんしん》を開闡《かいせん》することは、大聖矜哀《だいしょうこうあい》の善巧《ぜんぎょう》より顕彰《けんしょう》せり。しかるに末代《まつだい》の道俗《どうぞく》・近世《きんせ》の宗師《しゅうし》、自性唯心《じしょうゆいしん》に沈《しず》みて浄土の真証《しんしょう》を貶《へん》す、定散《じょうさん》の自心《じしん》に迷《まど》いて金剛《こんごう》の真信《しんしん》に昏《くら》し。

『教行信証・信巻』

（よくよく考えてみると、めざめる、という事は、すべて阿弥陀の親心によりはじめて起こるのである。だからこの私に明るい心が開かれてきたのも、こんな私をめざめさせずにはおかないというお釈迦さまの深い深いご苦労によってはじめて与えられた体験にほかならない。ところがその親心にまだ気づいていない人々、特に近頃は一宗の師として仰がれるような指導的立場にある人たちまで、「阿弥陀仏とは人間の本性の事であり、浄土とは煩悩のけがれをとり除いた心の世界にほかならない。ところがこの世の愚かな者にはそんな事はわからないから、やがて修行の大切な事に気づかせるために、仮に念仏すれば極楽に生まれるなどという低俗な教えで仏道に関心を持たせ、やがて修行の大事なことを自覚させようとするのが浄土の教えなのだ」と、念仏の教えの真価を知らずに軽蔑しているようである。あるいは、自分こそ念仏者だと自認していても、象牙《ぞうげ》の塔にこもって観念の遊戯にふけっていたり、慈善事業に精をだすことによって、仏道を歩んでいるような錯覚に陥《おち》り、絶対に壊れることのない明るい生き生きとした人生の味を知らずに生活しているのは、何と悲しいことであろうか。)

仏教とはこういうものである、念仏とはこういうものである、浄土とはこういうものである、というように、自分の浅薄な知識や体験だけで固定観念をつくりあげることほど愚かなことはない。若い世代は、自分たちは科学的知識を持っているから迷信にとりつかれるなんてことはありえない、とみんな思っているのであろう。「年寄りは頑固《がんこ》で自分の考えを変えようとしない。古い考えにいつまでもしがみついて、今の時代を理解しようとしない」と親たちを批判し、固定観念の打破を迫る。ところがその若い人たちが、念仏とか浄土とかいう言葉にぶつかると、にわかにコチコチの固定観念、先入観のとりでに閉じこもって、拒否的態度をとり、軽蔑したような眼で眺めているのではなかろうか。そういうかたくなな姿勢こそ、実は迷信の温床だということに気がついていないのではないか。

念仏して浄土に生まれる、という教えは、いつの時代にもなかなかわからなかったにちがいない。同じ仏教という名で呼ばれていても、修行してさとりを開く、という教えの方に人気が集まる。なぜならば自分の欲望と対決し、迷いをとり除いてさとりの境地に入る、というのはだれが考えてもとても格好《かっこう》がよいからである。今でも軟弱な人間を鍛《きた》えなければ、という事になると、世俗の生活から隔離された寺や道場できびしい修行をさせればよい、という発想がとびだしてくる。だが例えば猛烈社員の研修だといって、寺にこもって修行を体験しても、それはあくまでもまね事にすぎず、プロの坊さんたちの修行の足元にも及ばない、とみんな思っているのではなかろうか。さとりを目指す坊さんたちは修行のプロなんだ、だが私たちは浮世に未練があるからとてもプロになんかなれない、というのであろう。いつの世でも、その道のプロはみんなに尊敬されてきた。世の中で俺が一番偉いぞ、と思っている現代の知識人も、プロには弱い。プロのスポーツ選手、プロの歌手からはじまって、プロの職人、プロの芸術家にいたるまで、知識人は一目置くのであろう。なぜならば、プロの世界だけは、ペーパーテストに百点をとって一流大学卒の看板を手にする出世コースと無縁なものが生きているからである。だから、ひたすらペーパーテストとかかわりのないさとりに向かって行く坊さんたちは、やはり求道のプロなのだから、その人の言う事なら鼻っ柱の強い偉い人も神妙に耳を傾けるのも当然なのであろう。

ところが、法然さまから親鸞さまに受けつがれた浄土の教えは、南無阿弥陀仏ととなえて救われていく道なのである。南無阿弥陀仏ととなえるなどということは誰でもできる。つまりプロでなくても歩める道なのである。だから知識人はみな念仏者をばかにするのである。これは親鸞さまの時代でも同じだったのであろう。だが親鸞さまは、その知識人がばかにする念仏の道について、次のように教えられている。

一代諸教《いちだいしょきょう》の信《しん》よりも
弘願《ぐがん》の信楽《しんぎょう》なおかたし
難中之難《なんちゅうしなん》とときたまい
無過此難《むかしなん》とのべたまう

『浄土和讃』

（念仏をばかにする人が多いが、一見さとりの仏教のプロになる事は難しそうに見えるけれども、ほんとうは阿弥陀の親心にめぐりあう事にくらべればたいしたことではないのだ。念仏の教えに育てられる身になったのは、よくよくのご縁があったからであり、よくぞまあ、この会い難い教えにめぐりあえたものだと、お釈迦さまも感嘆しておられますよ。）

喜んでもいいはずなのに喜べない、という歎《なげ》きは「こんなに修行したのに悟《さと》りが得られない、こんな事では仏教のプロにはなれない」という事であろう。みんなプロになる事を目標にして仏教を学んでいるのではないか。そういう仏教なら知識人によくわかるからである。だが比叡山で二十年間血のにじむ難行苦行をくぐってきた親鸞さまが、そのプロの道に見切りをつけて、念仏の教えに育てられる身になった、という事実は何を物語っているのであろうか。偉い人たちがこれこそ仏教の本線だと思っているところには真理はなく、偉い人にとっては、つまらぬローカル線だと軽蔑されてきた念仏の教えに、この世の中をほんとうに生き抜いた苦労人の最後に到達する心の世界が開かれていたのである。親鸞さまにとっては、

念仏成仏《ねんぶつじようぶつ》これ真宗《しんしゆう》
万行諸善《まんぎようしよぜん》これ仮門《けもん》
権実真仮《ごんじつしんけ》をわかずして
自然《じねん》の浄土をえぞしらぬ

『浄土和讃』

（常識の世界では思いがけない事であるが、南無阿弥陀仏の教えに導かれてめざめた人になる、それしか私たちがほんとうに生き生きと明るく生きて行く道はないのだ。この世にはみんなが尊敬する偉い人の道がたくさんあるけれども、それはすべて念仏の道へたどり

つくワンステップにすぎない。それなのに世の人々は、目さきの格好《かっこう》よさに惑《まど》わされて、すべての人々が必ず落ちつかなければならない心の故郷を見失っている。）と教えられているように、念仏の世界ではどんな偉い人も、私のような者はだめだと歎《なげ》く人も、みんな浄土に生まれていくしか道のない凡夫（ただの人）にすぎなかったのである。

「また浄土《じょうど》へいそぎまいりたきこころのなくて、いささか所労《しょろう》のこともあれば、死なんずるやらんとこころぼそくおぼゆることも、煩悩《ぼんのう》の所為《しょい》なり。久遠劫《くおんごう》よりいままで流転《るてん》せる苦悩の旧里《きゅうり》はすてがたく、いまだうまれざる安養《あんにょう》の浄土はこいしからずそうろうこと、まことに、よくよく煩悩の興盛《こうじょう》にそうろうにこそ。」

意訳

（「また今すぐ明るい生き生きとした人生に向《むか》おうという気持ちもなく、ちょっと身体の具合でもわるくなれば、死ぬんではないかと心細く思うのも、欲望の眼《まなこ》のはたらきなのであろう。私たちが気がついていない深い意識の底にまで根をはっている迷いを依《よ》りどころにする『この世』には、未練がましくいつまでもしがみついていたいし、安らかな世界だと聞いているだけでまだ体験していない阿弥陀の世界は少しも恋しいとは思わないのも、その場かぎりの欲望の眼《まなこ》のはたらきがどんなに根強いものかつくづく思い知らされるではないか」。)

弱い足元を忘れて

寒い冬が来《く》れば「寒い、寒い」と言う。暑い夏が来れば、「どうしてこう暑い日が続くんだろう」と歎く。私たちの毎日はどう考えても環境に支配されて動いているだけではなかろうか。「いのちを大切に」というスローガンだけはあちらこちらに掲げられているけれども、現実はその「いのち」を忘れて生活しているのではないか。交通地獄は日増しに深刻化して行く。一日に一度や二度は、ハッとするような場面にぶつかる。自分の方がどんなに細心の注意を払っても向こうさまが無理な追い越しをしてきたり、居眠り運転で突っこんで来たりするのだから、いつも危険と同居せねばならない。それまでは楽しい夢をえがきながら運転していた。ところが急に対向車がとびだしてくる。ハッとして危機一髪でよけ合う。そのハッとする本能的なまもりの姿勢、それは自分がかまえたのではなく、反射的に身にそなわっている生《せい》への執着なのであろう。私たちの日常生活は、私が生まれて来て今生きている、そのいのちがあたりまえになっている。

蓮如さまは教えられている。

それおもんみれば、人間はただ電光朝露《でんこうちょうろ》の、ゆめまぼろしのあいだのたのしみぞかし。たといまた栄花栄耀《えいがえいよう》にふけりて、おもうさまのことなりというとも、それはただ五十年乃至《ないし》百年のうちのことなり。もしただいまも、無常《むじょう》のかぜきたりてさそいなば、いかなる病苦にあいてかむなしくなりなんや。まことに、死せんときは、かねてたのみおきつる妻子《さいし》も、財宝《ざいほう》も、わが身にはひとつもあいそうことあるべからず。されば、死出《しで》の山路《やまじ》のすえ、三途《さんず》の大河《だいが》をば、ただひとりこそゆきなんずれ。

『御文』

(胸に手をあてて思うならば、私たちの一生は、あのピカッと光る稲妻《いなずま》や、朝露が干上《ひあが》るまでぐらいの短い夢、幻の楽しみにすぎない。たとえどんなによい境遇に恵まれて自分の思い通りに楽しく生きたとしても、それもせいぜい五十年、長生きしても百年のあいだの事である。毎日何事もないように暮らしていても、いつ何時《なんどき》思いがけない事が起こって、病いの床につくかもしれないではないか。いざ死と対面したときには、今まで生きる支えであった妻や子も財産も何一つ役に立たなくなるのだ。ひとたび死の世界が現れると、今まで楽しいすばらしい生きがいのように思っていたものが、すべて輝きを失い、夢幻のように消え去った真っ暗な人生をただ一人歩まねばならない。）

恐ろしい話だ。私たちの日常生活は、夢幻によってごまかされているというのだ。こうなれば楽しい、これからこういう計画で生活したい、とバラ色の夢を語っていても、今、突然大地震が襲ってきたら、そんな夢も希望も一度に吹きとんで、「つぶされはしないか」「死にやしないか」というおびえだけが残るのであろう。医者はガンのような、現状では不治の病と思われる症状を発見したとき、患者には教えない方がよいと言う。私たちの日常性の世界では、うそであっても夢や可能性を信じなければ生きて行けないのであろう。死が登場すると、今までの自分の生活を組みたてていたものが、一瞬のうちに崩れ去る。そんなもろい基盤の上に私たちの日常の生活が乗っかっているのに、私たちは足元を放置して、夢・幻を追いかけている。「極楽は、有りとは聞けど片便り、冷飯食ふても娑婆におりたい」などと言ううたがあるが、お寺へ参って法話を聞いても、仏書に親しんでどんなに頭では納得しても、どうしても見せかけの幸福の方へ動いて行ってしまう私がいる。毎日毎日忙しい忙しいと言う。あれもやっておかなければ、これも始末しておかなければと、きりきり舞いしている。ところが思いがけないことで病気になって入院でもすれば、今までの仕事は全部お手あげ、すべておまかせになるであろう。だが不思議な事に全部放り出して入院していても、世の中はちゃんと何とか動いて行くではないか。そうすると私たちにとって日頃深刻に感じられている問題もほんとうはたいした事ではないのであろう。池の水面にできる泡のようなはかないものにしがみついて毎日あくせくしているのではなかろうか。「人は死んだつもりになれば何でもできる」と言われる。その通りなのであろう。だが死んだつもりになれない私がいるのだ。親鸞さまは、そのどうにもならない自分を、お念仏の教えの中にごまかさずに受けとめて行かれたのである。「この世の境遇は見かけではみんな違うようだが、みんな弱い地盤の上に家を立てている点では、全く同じなんだよ」と教えられる阿弥陀のこころの中を歩んで行かれたのである。

「なごりおしくおもえども、娑婆《しゃば》の縁《えん》つきて、ちからなくしておわるときに、かの土《ど》へはまいるべきなり。いそぎまいりたきこころなきものを、ことにあわれみたまうなり。これにつけてこそ、いよいよ大悲大願はたのもしく、往生は決定《けつじょう》と存じそうらえ。踊躍歓喜《ゆやくかんぎ》のこころもあり、いそぎ浄土《じょうど》へもまいりたくそうらわんには、煩悩《ぼんのう》のなきやらんと、あやしくそうらいなまし」と云々

意訳

(「どんなになごり惜しく思っても、この世とのご縁がつきて、もはや自分ではどうすることもできなくなって、いのち終わる時には、いやでも阿弥陀の世界へ帰って行くのである。そんな阿弥陀の世界へはやく行きたいという気持ちになれない私のような者をこそ、今めざめさせずにはおかない、という親心が念仏の教えになって私の心にひびいてくるのだ。だからいよいよ私をとらえて離さない親心のすばらしさがわかるし、まちがいなく明るく生き生きとした人生が体験できるのだ。それなのにかえって、おどりあがるような心がでてきたり、はやくきよらかな世界へ行きたいなどという気持ちがあるとしたら、あの人は欲望がないのではないか、人間として少しおかしいのではないかと疑われるかもしれない」と、親鸞さまは教えてくださった。)

素顔の仲間たち

極楽浄土があるかないか、というような事を論ずる人は、いつの時代にも絶えない。だがそういう事はどうでもよいのであろう。私の人生とかかわりのない極楽浄土など、何の意味があろうか。親鸞さまは、娑婆の縁がつきる時には、だれもかれも極楽浄土へ生まれていくのだ、と淡淡と語る。私たちの一生はどんなにいい顔をしてみせても、結局は目さきの幸せにとらわれて一喜一憂して行くほかはないのだ。それが煩悩具足の凡夫の偽《いつわ》らざる姿なのではなかろうか。阿弥陀の世界では喜べるはずなのに喜べない者に特に眼をかけられると言われる。喜べないのは信仰が足りないからではないのだ。修行を怠ったからでもないのだ。教えをいいかげんに聞いていたからでもないのだ。教えを聞いたら喜ぶようになるのは当然だという公式をかつぐところに無理があるのだ。長年念仏している者は、欲の心がなくなってもいいはずだ、という法則を信じこもうとしてはいないだろうか。もし「これだけ念仏してきたのだから、これだけ教えを聞いてきたのだから、当然、夫や子どもに先だたれても冷静に達観《たっかん》していられるはずだ」などという思いにしがみついていたならば、いざ思いがけない事にぶつかった時には、そのでき事よりも自分の思いに悩まされなければならない。みんな懸命に涙や淋しさ、やりきれなさをこらえて、いい顔をしなければならない。だが、そんな時どんなにいい顔をして表面をとりつくろっても、心は暗くなるばかりであろう。

念仏の教えを聴聞《ちょうもん》する、などと言うと、みんなよそ行きの顔をするのではないか。仏さまの教えを聞く時は、ふだんの生活の時と違うよい顔をしなければならないような気持ちになるのであろう。だから『歎異抄』を学ぶ人はみんな模範生ばかりになってしまう。学べばためになるかもしれないが、今はまだそんな窮屈な事はご免こうむる、というのが庶民の実感ではないのか。常識では、自分の好きな事をやったり、家でくつろいでいる時が一番のびのびとしていて、お寺へでかけて仏法を聞くとか、仏書をひもといたりするのは肩の凝《こ》る窮屈な事だと思われているのであろう。だが近頃では、そのくつろぐ場であるはずの家の中でも窮屈な思いをする人がふえてきている。昔は、嫁と姑の関係が面倒だと言われた。それはおばあさんと嫁さんが対話するときには、お互いに気がねして特別の顔をしなければならなかったからであろう。きつねとたぬきの化かしあいみたいに、お互いに相手の顔をうかがって生活する、それほど窮屈な毎日はないであろう。ところが今日では実の親子でも、職場でも、となり近所とのおつきあいでも、いつも相手の顔色をうかがわないと物も言えないような時代になっているのではなかろうか。「ほんとうはのびのびと明るく生活できるはずなのに、どうして思うようにならないのだろうか」と、みんな暗い顔をしている。ほんとうは「この世」にのびのびとした明るい生活などないのであろう。みんなが自分の欲望の眼《まなこ》で世の中を見ている所には、がまんし合ったり、妥協したりすることはあっても、ほんとうに落ちつく場所はないのではないか。

親鸞さまは「みんないい顔をするな。悲しい時には見栄《みえ》も外聞《がいぶん》もない。思いっきり泣けばよい。これだけ教えを聞いたのに、これほど念仏してきたのに、などと力《りき》まなくてもよい。みんな煩悩具足の仲間なんだから。苦しいときには苦しいと言う、腹のたつときには怒れ、何にも自分を飾らないでよい。素顔のままでよいではないか。あんまりいい顔をしていると、あの人は欲がないのではないか、人間らしくないではないか、と変わり者扱いされますよ」と教えられているのだ。念仏の教えに育てられていく者はみな、素顔のまま手をつないで行く仲間（同朋《どうぼう》）なのである。

第十章

（歎異抄・聖典六三〇頁）

一、「念仏には無義《むぎ》をもって義《ぎ》とす。不可称不可説不可思議《ふかしょうふかせつふかしぎ》のゆえに」とおおせそうらいき。

意訳

（「念仏は、私たちが勝手に解釈しないという事が最も大切なことである。なぜならば、外から観察し分析してもわからないし、言葉でわかるように説明などできないし、そのこころの深さはとても私たちの狭い見通しのきかない心のおよぶところではないからだ」と、親鸞さまは教えてくださった。）

計算通りにはならない

南無阿弥陀仏、というお念仏は、遠い遠い昔から、名もなき人々に、となえられ、伝えられ、受けつがれてきた。山の畑の片隅にある石に、南無阿弥陀仏、ときざまれているのをよく見かけることがある。今の世の中ではこんな車の運転の邪魔になるようなところに何で石塔などたてておかなければならないのかなどと考える人もいるかもしれないが、昔の人が鍬《くわ》をかついでその前を通る時には、必ず立ち止って静かに合掌礼拝《がっしょうらいはい》したにちがいない。そのこころがいつのまにかわからなくなってしまったのではないか。「なぜ念仏するの？」「念仏ってどういう意味ですか？」「念仏して一体何になるのか？」こういう問いがでてくるのは、その事実を裏づけるものであろう。昔の念仏者たちは、そんな事を考える必要がなかったのではなかろうか。静かに手を合わせて念仏する、ただそれだけでよかったのであろう。私たちは、悲しい事に、何とかかんとか理屈をつけて納得しようとしないと落ちつかないようになっているのではないか。無義をもって義とする、つまり理屈を言わないでもよいところに念仏の根本精神が生きているのだ、と親鸞さまは教えられているのである。理屈は、自分の好みに合わせるだけである。私たちが自分の好みだけで物事を見るならば何もわからないのであろう。どんな食べ物でも自分の好みだけではほんとうの味をかみしめる事はできないし、どんなスポーツや芸術の世界でも自己流にやっていては何も生まれてはこない。自分の欠点に気づくことはないし、独断の狭い世界に閉じこもるだけなので

あろう。蓮如さまは、

われればかりと思い、独覚心《どっかくしん》なること、あさましきことなり。信あらば、仏《ぶつ》の御慈悲をうけとり申す上は、われればかりと思うことは、あるまじく候う。触光柔軟《そっこうにゅうなん》の願《がん》候う時は、心もやわらぐべきことなり。されば、縁覚《えんがく》は、独覚《どっかく》のさとりなるが故に、仏《ぶつ》にならざるなり。

『蓮如上人御一代記聞書』

（自分だけが何でもよくわかっていると思いこみ、こんな理屈に合わない教えは納得できないと批判し、自分の都合のいいようにしか物事を考えられないのは悲しい事である。ひとたび念仏の教えにめぐりあって阿弥陀の明るい心にふれた者は、この教えは理屈に合わないからつまらぬものだ、などとは言わなくなる。阿弥陀のこころとめぐりあうならば、生意気な自信過剰の私の姿が浮きぼりにされてくるのでただ頭がさがるだけである。だから、自分の狭い知識や体験で仏法を勝手に解釈して得意になっているのは自己満足にすぎず、明るい生き生きとした人生にめざめることはできないであろう。）

と、いましめられている。仏法を学べば学ぶほど、私たちはこの教えを忘れてはならないのであろう。油断をするとすぐ何でもわかったような錯覚に陥《おちい》り、自己満足のワナにかかりやすいからである。

念仏は不可称《ふかしょう》。不可称とは、推《お》し量《はか》ることができないという事。私たちの生活は、すべて推し量る生活、はからいの生活。種をまけば、必ず収穫がある、というように思いこむ。だがそれはあくまでも私たちの推量、どんなことが突発的に起《お》こって計算が狂うかもしれないのだ。この世の悲劇はみんなその推量がはずれたところに起こるのである。一所懸命わが子だけは、と幼少の頃から一流大学を目指してむち打ち、小学校、中学校、高等学校、大学と、思い通りに卒業させたら、勝手に好きな娘をさがして都会に住み、田舎では老夫婦がこんなはずではなかったと、孤独の淋しさを歎《なげ》くなどという笑えない現実が続出しているではないか。人生は金だ、金がないと悲しい思いをせねばならぬ、と若い夫婦が一切の無駄をはぶき、ただ金、金、金と夢みて、骨身惜しまず働きに働き、やっと大金を手にして大きな商売をはじめた時には、もうあといくばくもない老境をむかえていた。「私たちは一体何をしてきたのだろうか」というわびしい問いだけが残ってしまった、と語ってくれた人もいる。みんな浦島太郎の竜宮城を夢みて、計算通りに生きようとしているけれどもその向こう側に、玉手箱をあけた白髪のおじいさんが待っていることにはだれも気がついていないのではなかろうか。

念仏は、不可説《ふかせつ》、説きあらわすことができないし、念仏は、不可思議《ふかしぎ》、私たちが考えたようなものではない。どんなに宗教書を読んでも、法話を聞いても、念仏はわからないという人が多い。

それは、となりの人が食べているのを見て、「それ、おいしい？」と、たずねるのとよく似ている。自分で食べてみなければ味などわかるはずがないではないか。宗教を批判し、仏教を軽視し、念仏をあざ笑う者のほとんどが、知識をもとにした批判であり、念仏の味をかみしめた事のない食わず嫌いの偏見なのではないか。仏法を批判する人に共通する点は、みんな偉い人だという事。親鸞さまは名もなき庶民の一人としてお念仏の教えに育てられて生きた人である。

無義をもって義とする人生には理屈はいらない。だから、どんなに自分の思い通りに世の中が動いていても、それは「おかげさま」なのである。またどんなに計算が狂って思いがけない目に会ったとしても、それがまちがいない私の人生なのだから、そこからまた起《た》ちあがって行くことができる。念仏と共に生きてきた人たちは、みんなそうやってきたのだから。

そもそもかの御在生《ざいしょう》のむかし、おなじこころざしにして、あゆみを遼遠《りょうおん》の洛陽《らくよう》にはげまし、信《しん》をひとつにして心を当来の報土《ほうど》にかけしともがらは、同時に御意趣《ごいしゅ》をうけたまわりしかども、そのひとびとにともないて念仏もうさるる老若《ろうにゃく》、そのかずをしらずおわしますなかに、上人《しょうにん》のおおせにあらざる異義どもを、近来はおおくおおせられおうてそうろうよし、つたえうけたまわる。いわれなき条々の子細のこと。

意訳

（さて、親鸞さまがまだ御存命の頃、純粋な気持ちで、はるばる関東の地から親鸞さまのおられる京の都まで足を運び、念仏の教えに接して明るい生き生きとした人生を知る事ができた仲間たちは、みんな親鸞さまから同じ教えを承《うけたまわ》ったはずなのである。今ではその人々を先生として念仏の教えを学ぶ人々は、老いも若きもとても大勢になってきている。ところがその人たちの中に、親鸞さまの教えとは似ても似つかぬ事をこれこそ親鸞さまの教えだ、と言いふらしている者がいる、という事を近頃よく耳にする。これはとても悲しい事だから、何とかそれがまちがっているという事をはっきりさせたいと思う。）

どこまでも先生と共に

初心忘るべからず、と言われる。こういう言葉がでてくるのは、私たちの日常生活ではいつも知らず知らずのうちに初心を忘れているからではなかろうか。親鸞さまが生きておられる頃には、みんな純粋な気持ちで教えを鏡として活動していた。たとえまちがいや行きすぎがあっても、先生の親鸞さまにその是非を問うこともできた。ところが師なきあとの世の中では、まちがって受けとめても、それを直してくれる人はいない。なぜならばみんな一国一城の主になっているから、もしおまえはまちがっているぞ、などと言おうものならそれこそ争いのもとになりかねないのであろう。

事業でもサークル活動でも研究会でも、創立者は自分が犠牲になる事を覚悟で、苦労してそれを築きあげていくのであろう。それを見ていると、生き生きとしたエネルギーが感じられるので、喜んで協力し、それをたすける人もでてくる。だから、その集団はとても和気あいあいとして、すばらしい活動をしていくことができる。ところが、その中心になる人がいなくなると、とたんにスムーズに動かなくなることが多い。派閥が生まれ、他を蹴落《けお》として自分の意見を通そうと暗躍する者がでてくる。美しい理念のもとに自然の統制のとれていた集団が一転して公害集団に変身する。困った事には、みんな自分の意見を通すことが、みんなのためなんだと思っているのだ。

異義はにせもの、異義者とはそのにせものを信じ、それを世に広めようとする人であろう。だが大事なことは、そういうにせものを信じ広める人がどこかにいるのではない。私たちは自分自身こそ、初心を忘れ、にせものの中に埋没していないだろうか。どんな仕事でもこれからはじめようとしていた時にはあんなに活気があり、意気ごみにあふれていたのに、いつのまにか生気に乏しくなり、惰性で動いていくようになってしまうのはなぜなのだろうか。はじめに抱いていた純粋な心がいつのまにか、にせものと入れ替っていないだろうか。ほんものは必ずその仕事の本質とかかわりを持っているのに対し、にせものは必ず自分の都合という物差しがはいってきているのであろう。

ほんものの念仏者は、念仏する生活に必ず師の教えをいただいている。ただとなえているのではなく、師の教えに育てられて行く生活があるのだ。にせものの念仏者は、いつのまにか師を忘れている。私の念仏には師があるかどうか胸に手をあてて考えてみればだれでもよくわかるであろう。異義者は、頭もよいし、説得力もあり有能な人にちがいない。有能だからこそそこへ集まる人も多いのであろう。だが一点において異義者は批判されなければならない。それは師を忘れていることなのである。念仏する時に親鸞さまを忘れない人は、たとえ自分がまちがった方向を向いていても、必ず親鸞さまのもとに戻ることができる。師を忘れて念仏する者は、自分勝手な独断の中に埋没しなければならない。師のない者は、たった一人であてもない道を探さなければならない。自分自身の能力を考える時、師のない道は理論的にはありえても、わが身にとっては遠い手の届かない道なのではなかろうか。蓮如さまは、

善知識《ぜんじしき》というは、阿弥陀仏に帰命《きみよう》せよといえるつかいなり。宿善開発《しゆくぜんかいほつ》して、善知識にあわずは往生はかなうべからざるなり。しかれども、帰《き》するところの弥陀をすてて、ただ善知識ばかりを本《ほん》とすべきこと、おおきなるあやまりなりとこころうべきものなり。

『御　文』

(念仏の師とは、阿弥陀の明るい生き生きとした心の世界に生きよ、と私の大事な人生の道案内をしてくださる人である。私のような狭い欲望の眼でしか生活できない愚か者は、思いも及ばないご縁によって私を導いてくださる師にめぐりあえなければほんとうに明るい人生を歩むことはできない。ただ気をつけなければならないのは、師の願いである阿弥陀の世界に背を向けて、先生を神さまのように崇拝するのはとんでもないまちがいだという事である。)

と、教えられている。念仏は昔から俺は偉いぞと思う智者の歩む道ではなく、導かれ教えられて生きる愚者の道だったのだ。愚か者は偉そうな事は何一つ知らないけれども、自分は愚か者だということだけはよくわかるから素直に師の教えに耳を傾けることができる。

真宗門徒は昔から「弥陀一仏をたのめ」と教えられてきた。お葬式でたとえ亡き人の遺骨や位牌《はい》を前にして手を合わせていても、お墓の前で手を合わせても、拝むのは南無阿弥陀仏である。私たちは生涯、誰かの思想によって生きて行くのではなく、南無阿弥陀仏の教えに育てられて行くのである。その事を忘れると、昔から「善知識《ぜんじしき》だのみ」と呼ばれた偏狭《へんきょう》な個人崇拝の誤りを犯すことになる。つまり、ある特定の先生に心酔するあまり「この先生でなければ真実にふれることはできない。他の先生などつまらぬあてにならぬ人だ」と放言する。このことはすでに「師をそむきて、ひとにつれて念仏すれば、往生すべからざるものなりなんどいうこと、不可説《ふかせつ》なり」(100頁参照)と教えられた事の裏がえしたものであろう。どの先生もみな念仏の教えを聞いて生きておられるかぎり、阿弥陀の世界へ向かう人にちがいない。それなのに、わが師のみほんもの、他はにせものと決めつけるのはそれこそ弥陀の本願にそむく独断的な生活態度だといわなければならない。

異義者といっても、唯円さまにとっては、その昔同じように親鸞さまの教えに育てられた仲間である。その友が学ぶ姿勢を忘れ、自己満足の鎖につながれて行くのを唯円さまは黙って見ていることができなかったのであろう。唯円さまは自分の耳に焼きついている師の言葉を鏡として、みずから初心に帰ろうとしたのが『歎異抄』なのである。

第十一章

（歎異抄・聖典六三〇～六三一頁）

一、一文不通《いちもんふつう》のともがらの念仏もうすにおうて、「なんじは誓願不《せいがんふ》思議《しぎ》を信じて念仏もうすか、また名号《みょうごう》不思議を信ずるか」と、いいおどろかして、ふたつの不思議の子細をも分明《ふんみょう》にいいひらかずして、ひとのこころをまどわすこと、この条、かえすがえすもこころをとどめて、おもいわくべきことなり。誓願の不思議によりて、たもちやすく、となえやすき名号を案じいだしたまいて、この名字をとなえんものを、むかえとらんと、御約束《おんやくそく》あることなれば、まず弥陀《みだ》の大悲大願の不思議にたすけられまいらせて、生死《しょうじ》をいずべしと信じて、念仏のもうさるるも、如来《にょらい》の御はからいなりとおもえば、すこしもみずからのはからいまじわらざるがゆえに、本願に相応して、実報土《じっぽうど》に往生するなり。これは誓願《せいがん》の不思議を、むねと信じたてまつれば、名号の不思議も具足して、誓願《せいがん》・名号の不思議ひとつにして、さらにことなることなきなり。

意訳

（文字一つまともに読めないような素朴な人が念仏しているのを見て、「おまえは、どんな人でも必ず生き生きとした人生によみがえることができるという阿弥陀の親心のいわれをよく心得て念仏しているのか、それとも念仏すれば何かご利益《りやく》があると思って念仏しているのか」と驚かして、そのちがいをよくわかるように教えてもあげずに、相手の心をただ混乱させるのは、とても浅薄な態度だと深く反省すべきであろう。だめな人など一人もいない、という阿弥陀の底無しの親心から、だれでも親しめる、となえやすい南無阿弥陀仏の名号《みょうごう》が生まれ、この名をとなえ、そのこころに育てられて行く者は、まちがいなく明るい人生に導かれるという自然の道理があるのだから、とにかく何をやっても欲にふりまわされてしまう私のような者は、念仏してきた先輩と同じように、阿弥陀の親心にすべてをまかせて、私に与えられた一本の人生を歩ませていただくだけだと思いたって、念仏が私の口に出るのも、明るい人生を歩んだ先輩たちの贈り物なのだと思えば、念仏を自分勝手に解釈するなんてことはありえないから、阿弥陀のこころに導かれて、ほんとうに明るい生き生きとした人にめざることができる。だから、私もだめではないのだ、という阿弥陀の親心がわかってくるならば、南無阿弥陀仏の名号のすばらしさも無理なくうなずかれるにちがいないのだ。したがって阿弥陀の親心と、念仏をわけて考えるなどという事はおよそ無意味なことといわなければならない。)

親心

いつの時代にも「念仏などとなえて何になる。そんなものをとなえなくても、阿弥陀の本願(念仏の精神)がわかればそれでいいじゃないか」という人がでてくる。お寺へ参る人も、「何で仏さまを拝んだり、念仏したりするのか。そんな儀式などぬきにしてありがたい法話だけ聞かせてくれればそれでいいじゃないか」という。唯円さまはそれが悲しかったのではないか。唯円さまにとって、念仏は先生の親鸞さまの声であった。その一声一声に親鸞さまのあたたかな心がこめられていて、となえるたびに自分の胸にズシンとひびいてきたにちがいないのである。そのあたたかな心は、阿弥陀如来の本願という言葉であらわされてきた伝統のこころであった。お釈迦さまも、真宗七高僧と呼ばれる竜樹菩薩《りゅうじゅぼさつ》も、天親菩薩《てんじんぼさつ》も、曇鸞大師《どんらんだいし》も、道綽禅師《どうしゃくぜんじ》も、善導大師《ぜんどうだいし》も、源信僧都《げんしんそうず》も、法然上人《ほうねんしょうにん》も、そして親鸞さまも、蓮如さまも、さらに名もなき無数の念仏者たちもみなこのこころに育てられ、導かれて、その苦難の時代を生きぬいてきたのである。

だからその事がわかる者には、たとえ何も知らないおばあさんがとなえる念仏でも、道ばたの石にきざみつけられている南無阿弥陀仏も、みんななつかしい人の声、なつかしいあたたかな心として拝まれるであろう。それはちょうど遠い所へ旅をして、旅行先で故郷の言葉を聞くのと似ている。自分の故郷でない人にはその声は奇妙な方言としてしか聞こえないかもしれない。だが、その故郷の人にとっては、その声はなつかしい響きとして伝わってくる。あたたかい故郷のこころがこもっているからであろう。念仏を喜ぶ人は、ただ発音しているのではなく、一声一声にその不思議なご縁をかみしめているのである。親鸞さまも、たまたま行信《ぎょうしん》を獲《え》ば、遠く宿縁《しゅくえん》を慶《よろこ》べ。

『教行信証・総序』

（はからずも今、念仏の教えにめぐりあい、明るい生き生きとした人生にめざめることができた者は、思いがけないすばらしいご縁に恵まれたことを心から喜ぶがよい。）

と、めざめた人生の喜びを告白されている。「念仏などしなくても、阿弥陀の世界を求めて行けばいいではないか」と考えがちだけれども、それは机の上で考えた理屈にすぎないのではないか。朝早く起きて、仏さまに向かって手を合わせ、念仏のお勤めをする。毎日それを続けるという事は、とてもめんどうな事なのである。外から観察すれば、積極的に仏道修行を積み重ねているように見えるかもしれない。だが、念仏の世界に自分がはげむ修行などないのだ。どんなに早起きして毎朝お勤めをしたから、他の人たちより偉くなる、なんていう事はありえないのだ。だから、はじめはまじめに朝早く起きてお勤めしていた人もだんだん落伍して行く。めんどうな事に手を抜いて、楽な方へと動いて行く。困った事に、手を合わせて仏さまを拝む生活をやめてしまうと、私たちのような煩悩《ぼんのう》のかたまりみたいな者は、必ず、もうかった、損した、という目さきの幸せにとらわれる生活に埋もれてしまうにちがいないのである。

法事の時、古い家のお仏壇の前にすわって、その引き出しをあけると、蓮如さまの『御文《およみ》』が収められている。十五世紀頃、仏教はまだ難しく偉い人たちの学問にすぎなかった。蓮如さまは、その難しい教えをわかりやすくだれにもわかる当時の言葉に書き改めて、全国の有縁《うえん》の人たちに手紙のかたちで教え広められた。それによって親鸞さまの教えが全国に伝えられたといっても過言ではなかろう。その蓮如さまの手紙をまとめて五冊の書物にまとめたものが『御文《おふみ》』(真宗門徒は「御文様」と呼び習わしてきた)である。真宗門徒の家庭では、毎朝家中の人が仏間に集まり、お勤めをし、その後で必ず一家の主人が、『御文』を一通ずつみんなの前で読みあげる習わしになっていた。たとえ文字も読めないような人がいても、毎朝一通ずつ蓮如さまの便りを聞いているうちに、念仏のいわれを知り、明るい生き生きとした阿弥陀の世界に眼を開くことができたのだ。つまり『御文』こそ庶民の宗教教育の役割を十分に果たしていたことになる。

ところが、今お仏壇の前にすわって、この『御文』を手にとってみると、紙がくっついてしまっていてページが繰れないようなものがふえてきた。ひどいものになると御文箱がねずみにかじられて中味はもう原型をとどめていないようなものさえある。そういう『御文』を手にとって、手前の書物の下にあたる部分を見ると、真黒に手垢《あか》がついているではないか。これは一体何を意味しているのであろうか。その家には、毎朝家中の人がお仏壇にお参りし『御文』の教えを聞いていた歴史があるのだ。それなのに、いつの時代か、どのご主人の時かわからないが、「こんなものを読んで何になる。毎朝仏さまに手を合わせて拝んでどうなるというのだ。そんなばかげた事をするより、その時間もうかる仕事をやってかせいだ方がどんなにましかわからないではないか」と、やめてしまったにちがいないのだ。その結果、家業はもうかったかもしれない。生活は楽になったかもしれない。だが家の中で一番大切なものを失ってしまったのではなかろうか。理屈は達者になり、人をだしぬく知識は豊富になり、世渡りはうまくなった。だが、どんな悲しい境遇にあっても明るく生き生きと歩むことのできる心の世界は、自分がその場だけ楽をすることと引きかえに売り渡してしまったのではなかろうか。朝夕の勤行《ごんぎょう》や墓参りでさえ、よくよく考えてみれば、この怠け者の私に与えられためざめた人々の親心であったのだ。

つぎにみずからのはからいをさしはさみて、善悪のふたつにつきて、往生《おうじょう》のたすけ・さわり、二様《ふたよう》におもうは、誓願《せいがん》の不思議をばたのまずして、わがこころに往生の業をはげみて、もうすところの念仏をも自行になすなり。このひとは、名号の不思議をも、また信ぜざるなり。信ぜざれども、辺地《へんじ》解慢《けまん》疑城《ぎじょう》胎宮《たいぐう》にも往生して、果遂《かすい》の願のゆえに、ついに報土《ほうど》に生ずるは、名号不思議のちからなり。これすなわち、誓願不思議《せいがんふしぎ》のゆえなれば、ただひとつなるべし。

意訳

(さて次に念仏していながら、自分勝手に念仏を解釈して、よい事をすれば明るい世界にめざめて行くたすけになると思い、わるい事をすれば、明るい人生にめざめていくさまたげになるのだと考えるのは、阿弥陀の親心がよくわかっていないのだ。だから自分の努力でどんな人生でも歩めるものだと錯覚し、となえる南無阿弥陀仏まで私のよい行《おこな》いにしてしまうのである。この人はもちろん南無阿弥陀仏の思いがけないはたらきに背を向けていることになる。阿弥陀の世界を勝手に解釈すると、私たちは必ず、念仏しても喜べない極楽のすみっこにとどまったり、大切な事を忘れ、どうでもよい事を追いかけまわし、教えを聞いてもいつもどこか焦点がぼやけてはっきりわからず、あるいはわかったようなつもりになって自己満足しなければならないのであろう。だが、そうなっても、そんな阿弥陀の世界に背を向けている者こそ、明るい生き生きとした人生にめざめさせずにはおかない、という阿弥陀の親心はぴったり寄り添って離れないので、必ず自己満足の壁が破れて、明るい心の世界を体験する事ができる。これは、私たちに与えられた南無阿弥陀仏の名号《みょう ごう》の思いがけないはたらきなのであろう。しかも、その名号は、私たちを絶対に見捨てる事のない阿弥陀の親心から生みだされたものであるから、名号と阿弥陀の親心をわけて考えるのは無意味な事といわなければならない。)

とにかく聞け

「この世でよい事をした者は、極楽浄土に生まれる、わるい事をした者はその報《むく》いで地獄に落ちる。」新しい知識を身につけた人々はこの昔から言い伝えられてきた事に反発する、「そんなばかな事があるものか」とせせら笑うのであろう。ところが、よく注意してその批判の声に耳を傾けていると、おもしろい事に気がつく。つまり、みんなが疑問に思うのは、極楽浄土や地獄が実際にあるのか、ないのか、という点にしばられており、「よい事をしたものは救われる、わるい事をした者は救われなくても当然だ」という発想がおかしいと思う人はほとんどいないのである。だから、死後の世界があるかないか、などという結論のでないような点を除けば、昔の人も現代人も同じような考え方をしている事になる。

「よい事をすれば救われる、わるい事をすると救いの妨げになる」という考えから一歩もでる事ができないと、「南無阿弥陀仏ととなえたくらいでどうして救われるのか」という疑問が生まれるにちがいない。今でも「真宗の教えは、ただ念仏せよ、念仏の教えを聞けというだけだ。それではあまりにも消極的すぎるのではないか。もっと社会的な活動に積極的にのりだすべきではないか」という批判が絶えない。みんな念仏だけでは物足りないのであろう。

私たちは毎日何かをあてにして生きている。それが自分の思い通りになればニコニコしているし、あてがはずれれば顔色が変わる。それは、私の努力次第でこの世の中はどうにでもなるはずだという思いあがりがその根っこにあるからだ。だから念仏など実に頼りなく見えるにちがいない。「念仏ぐらいとなえたって」と言う人には損得のソロバンが動いている。自分の都合というソロバンで念仏をはじいているのであろう。蓮如さまは、

「極楽《ごくらく》はたのしむ」と、聞きて、「参らん」と、願いのぞむ人は、仏《ぶつ》にならず。弥陀《みだ》をたのむ人は、仏《ぶつ》になる。

『蓮如上人御一代記聞書』

(「極楽浄土は自分の都合のよい楽しい所だ」と聞いて、「早く行きたい」と願い求める人

は、めざめるわけにはいかないであろう。私のような者はどう考えても優等生にはなれるはずがないと、ただ念仏の教えに自分のすべてをまかせて生きる人こそ、思いがけなくめざめるのである。）

と教えられている。つまり南無阿弥陀仏ととなえれば救われるのではないのだ。「弥陀をたのむ」ということは何もあてにしないという事なのだ。この世の中のものは何一つあてにならない。昔から阿弥陀の浄土の道を歩む者は、阿弥陀さまに何とかしてくれ、と頼んだりはしなかった。阿弥陀の親心に会うということは、おまえは何をやったところでどうにもならないぞ、というきびしい声を聞くことだったのだ。どうにもならない者がどうにもならないままに生きて行く方向が阿弥陀の浄土だったのだ。

教えを聞いていれば、心安らかに死んで行ける、などと思っている人がいる。教えを聞いていれば、身内の者が亡くなっても取り乱さなくてもよいはずだ、と、念仏を自分の都合のよいように解釈してはいないだろうか。念仏する身にさせていただいたという事は、欲望のままに見せかけの幸せを追いかける生涯を離れることができない私だということが身にしみてわかるようになったのであろう。それなのに、なぜここにいたってまだ、格好よくしなければならないのか。死ぬときに、死にたくないと叫んで泣きわめいたっていいじゃないか。それは「煩悩《ぼんのう》の所為《しょい》」だと教えられているではないか。身内の者が亡くなったら思いっきり泣けばよいではないか。だれに向かって今さら格好をつけなければならないのか。「阿弥陀さまは、私がそんな人間だという事はとうの昔からわかっているのだ」と親鸞さまは教えられた。念仏すればあわてものがあわてなくなるのではない、あわてものがあわててどこがわるいのか。念仏すれば弱虫が強くなるのではない。弱虫でよいではないか。念仏者は素顔のまま、そのままで生きていくのだ。

もしいい顔をして、格好をつけようとすると、念仏してもその行き先は、辺地《へんじ》（極楽の僻地《へきち》）だ。最近町村合併で村が町になり市に編入されていく。だがあたり一面、畑や田んぼで山から熊がでてくるような所では○○市などと言っても実感が湧いてこない。村は村であってこそ、その本領を発揮する事ができるが、一旦市に編入されると片隅に置かれてしまうではないか。極楽の僻地に生まれる者は、かたちだけ明るい世界の人だが、心は暗いままなのだ。それはまた懈慢界《けまんがい》とも呼ばれる。理屈では極楽浄土に生まれるという事はよくわかっているのだが、偉い人であるがために、わが国に生まれよ、すぐ来たれ、という阿弥陀の親心に「はい」と答えて素直に第一歩を踏みだせない。だから人に説法はできても自分はその喜びを体験できないのである。あるいはその世界を疑城《ぎじょう》と呼ぶ。どんなに教えを聞いても、薄紙一枚のところがわからないのだ。何年教えを聞いていても、極楽浄土はぼんやりかすんでいてはっきりしないのである。はっきりしないんだから、唯円さまのように、自分が大先生と呼ばれる身であっても「念仏もうしそうらえども」と、先生の親鸞さまにそのまま告白して行けばよいのだ。ところがそれができないのだ。まわりがみんなわかったような顔をしている。あの人はよくわかっている、とまわりの人たちは尊敬のまなざしで見ている。そのままにしておいても別に生活が困るわけではない。自尊心や虚栄心が傷つく事の方が恐ろしいのであろう。だからわかったような顔をし、わかったようなふりをしている。だが、それでは心は明るくならない。あるいはその世界を胎宮《たいぐう》と呼ぶ。おかあさんの胎内にいる子と同じ。おかあさんがちゃんと明るい世界へ連れて行ってくれているのだが、胎内にいる子にはその事がわからない。この言葉は恐ろしい言葉だ。私はまだわかっていない、という自覚がないのだ。教えを聞いてきた。弥陀の本願も、念仏も、往生浄土も、よくわかっているような気がしている。これが一番の聞法《もんぼう》の障害なのだ。蓮如さまは、

心得たと思うは、心得ぬなり。心得ぬと思うは、こころえたるなり。弥陀《みだ》の御たすけあるべきことのとうとさよと思うが、心得たるなり。少しも、心得たると思うことは、あるまじきことなり。

『蓮如上人御一代記聞書』

(私はよくわかった、ありがたい教えだった、と感激している人は、何もわかっていない

のだ。むしろ何度聞いても私の心は晴れないと悩んでいる人は、よくわかっている人なのだ。何もわかっていないくせにわかったような気がしている、こんなどうにもならぬ私のために阿弥陀の親心がはたらいておられるのだ、ということがしみじみと感じられるのがわかったという事なのだ。私は何でもわかっているような気がしている時が一番危険な時だということを忘れないように。)

と教えられている。真宗の学習には終点がないのだ。果遂《かすい》の誓《ちかい》(念仏する者はどんな怠《なま》け者でも偽《ぎ》善者《ぜんしゃ》でも最低の人間でも必ず最後には救いとるという誓い)は、「とにかく念仏の教えを毎日聞いて行け。わかったと思っても聞け、わからなくてもあきらめずに聞け」と私に語り続けている。

第十二章

（歎異抄・聖典六三二～六三三頁）

一、経釈をよみ学《がく》せざるともがら、往生不定《おうじょうふじょう》のよしのこと。この条、すこぶる不足言《ふそくごん》の義といいつべし。他力《たりき》真実のむねをあかせるもろもろの聖教《しょうぎょう》は、本願を信じ、念仏をもうさば仏《ぶつ》になる。そのほか、なにの学問かは往生の要《よう》なるべきや。まことに、このことわりにまよえらんひとは、いかにもいかにも学問して、本願のむねをしるべきなり。経釈《きょうしゃく》をよみ学すといえども、聖教《しょうぎょう》の本意《ほんい》をこころえざる条、もっとも不便《ふびん》のことなり。一文不通《いちもんふつう》にして、経釈のゆくじもしらざらんひとの、となえやすからんための名号《みょうごう》におわしますゆえに、易行《いぎょう》といふ。学問をむねとするは、聖道門《しょうどうもん》なり、難行《なんぎょう》となづく。あやまって、学問して、名聞利養《みょうもんりよう》のおもいに住するひと、順次《じゅんし》の往生、いかがあらんずらんという証文もそうろうぞかし。

意訳

（経典や高僧の著した書物で勉強しなければ、明るい生き生きとした人生を歩むことができない、などときめつけるのは、とんでもない心得違いといわなければならない。浄土真宗の教えのすべては、こんな私を生き生きとよみがえらせずにはおかぬという阿弥陀の親心に導かれて、南無阿弥陀仏の教えがこの胸にひびくとき、もう二度と迷うことのない明るい世界にめざめる、それだけなのだ、そのほかに何を学ぶ必要があろうか。念仏の教えに育てられて明るい人生を歩む、という事が納得できない者は、それこそ命がけで学問して阿弥陀の親心のすばらしさを体験するがよい。だが、どんなに仏教の書物を学んでも、その教えにこめられている願いに気づかないようでは、ほんとうに悲しい事だといわなければならない。南無阿弥陀仏の名号《みょうごう》は、偉い人のための名ではなく、文字も読めない理屈もわからないような者をそのまま明るい人生に導いてくださるのだから、明るい人生にめざめて行くやさしい道と呼ぶのである。学問をして迷いを克服して悟《さと》りを開こうと修行していくのは偉い人たちの歩む世界だから難《むつか》しい道と呼ぶのである。なぜ難しいかというと、その道はちょっと油断すると、その学問が自分が有名になる手段となったり、金もうけの手段になってしまうからだ。そういうまちがいを犯すと、その人の行く方向は明るくはならない、という教えもあるようである。）

学ぶほど愚かになる

親鸞さまの教えは、とても簡単明瞭なのだ。めざめた人から与えられた念仏に導かれて明るい人生に眼を開く、それだけなのだから。ところが、そういうとみんな変な顔をする。「念仏一つで明るい世界にめざめる、そんなうまく行くはずがない。それには仏教学の研究を積むとか、きびしい修行が必要なんだろう」と思うのであろう。たしかに、いろいろ難しい理論を学んで仏教の事は何でも知っている学者や、凡人にはとてもできそうもないきびしい修行に耐えてきた坊さんたちは、みんなに尊敬される。だれでも、自分にできない事をやってのけた人を見ると、うらやましい存在なのであろう。ところがそのことを裏がえすならば、みんなこの世の差別が大好きなのである。だれもが、偉い人とただの人とを区別して、偉い人になりたいと思っている。だから自分より偉そうな人をみると、ひがんだり、ためいきをついたりする。またその反対に自分の方が少しましだと思うと鼻を高くして他を軽蔑する。

そういう姿勢で生きて行く者は、お念仏一つで救われる、などと聞くと「そんなばかな事があるものか」と腹をたてる。なぜならばお念仏一つと言うと、どんなに偉い人も、ただの人も、同じになってしまうからである。「努力した人もしない人もお念仏一つで救われる」「学問した人も無学の人も、南無阿弥陀仏一つで同じように救われる」というのが気にくわないのであろう。

お念仏一つ、という事は、みんな同じという事。偉い人もただの人も、学者も無学な人も、坊さんも俗人も、みんな同じという事である。念仏に導かれて行く者の世界には偉い人なんかいないのである。偉い人がいないなどと言うと、とても高慢にきこえるかもしれないが、念仏の教えに育てられて行くと自分の愚かさが身にしみて わかるようになる。どんなに自分が学問しようが、出世しようがまわりからほめられようが、阿弥陀さまの前にすわると、そんなものは何の役にもたたないことがはっきりしてくる。親鸞さまにとって、念仏の世界は、源空光明《げんくうこうみょう》はなたしめ

門徒《もんと》につねにみせしめき
賢哲愚夫《けんてつぐぶ》もえらばれず
豪貴鄙賤《ごうきひせん》もへだてなし
『高僧和讃』

（先生の法然さまは、私たちのありのままの姿をあきらかにする阿弥陀の親心の世界へ、念仏の教えを学ぶ仲間たちをいつも導いてくださった。その世界では賢い人も、人生の深い体験を持つ人も、愚かな日を送る人も、みな生き生きと輝き、偉い尊い人も、田舎者や身分の低い人もみんな同じだったのである。）

と説かれるように、世間の常識にとらわれない、完全自由の人生であった。

ところが、この、みんな同じ、という事がなかなかわからないのであろう。勉強して広い知識を身につけるほど、阿弥陀の本願がわからなくなるのではなかろうか。できのよい人ほど「あんな愚か者と一緒にされてたまるものか」という意識がどこかにひそんでいるのではなかろうか。

親鸞さまは、

弥陀仏《みだぶつ》の本願念仏は、邪見憍慢《じゃけんきょうまん》の悪衆生《あくしゅじょう》、信楽受持《しんぎょうじゅじ》すること、はなはだもって難《かた》し。難の中の難、これに過《す》ぎたるはなし。

（どんな人でもみんな同じなのだ、という阿弥陀の親心の結晶である念仏の教えは、頭がよくて何でもよくわかっているつもりの人や、自分の外側を飾って格好よく見せようとする者には、素直に喜んで受け入れることはなかなかできないであろう。何が困難だと言っても、これほど難しい事がまたとあろうか。）

と、だれでも歩める広い道なのに、それを受け入れることができない悲しい私たちの姿を浮きぼりにされている。

念仏の教えに育てられて行く人生は、凡人が偉くなってさとりをひらいていく道ではない。だからこそ、「学問しなければ、いくら念仏したって浄土へは生まれない」などと言うのはもってのほかの事、それは差別の心がはたらいているからである。残念ながらこの世では、みんな優越感を持つ事が大好きなのである。学問をする場合も、ほんとうに命がけでその学問を学びたい、という気持ちで勉強している人は少ないのではないか。みんな、学校へ行くとか、学問しているという事で、箔《はく》付けをしているだけではないのか。「なぜ高校へ行くのか」「なぜ大学へ行くのか」と問うと、「今の世の中では高校ぐらい出なければ人に認められない」とか、「大学を出ておかなければ生活のあらゆる面で損をする」というような答えが、あたりまえのようにはね返ってくるではないか。学問しようとして学ぶのではなく、○○高校、○○大学の卒業証書を手に入れるために通学している。そんな生活がほんとうに明るいはずがないではないか。

念仏の学問は、学べば学ぶほど、きんきらきんのお面をつけて得意になっている自分の姿がはっきりしてくる。みんな同じなんだという事がよくわかるようになる。にせものがはっきりしてくるのだ。だからそのにせものを手に入れるために他人に打ち勝って行こうとする必要がなくなる。そんな学問はこの世では流行しない。だが流行に左右されないところにほんとうの救いがある。やはり弥陀の誓願は、流行の世界から見れば、不思議、という言葉でしかあらわせないのであろう。

当時、専修念仏《せんじゅねんぶつ》のひとと、聖道門《しょうどうもん》のひと、諍論《じょうろん》をくわだてて、わが宗《しゅう》こそすぐれたれ、ひとの宗《しゅう》はおとりなりというほどに、法敵もいできたり、謗法《ほうぼう》もおこる。これしかしながら、みずから、わが法を破謗《はほう》するにあらずや。たとい諸門こぞりて、念仏はかいなきひとのためなり、その宗、あさしいやしというとも、さらにあらそわずして、われらがごとく下根《げこん》の凡夫《ぼんぶ》、一文不通《いちもんふつう》のものの、信ずればたすかるよし、うけたまわりて信じそうらえば、さらに上根《じょうこん》のひとのためにはいやしくとも、われらがためには、最上の法にてまします。たとい自余の教法はすぐれたりとも、みずからがためには器量およばざれば、つとめがたし。われもひとも、生死《しょうじ》をはなれんことこそ、諸仏の御本意《ごほんい》にておわしませば、御《おん》さまたげあるべからずとて、にくい気《け》せずは、たれのひとかありて、あたをなすべきや。かつは、「諍論《じょうろん》のところにはもろもろの煩悩《ぼんのう》おこる、智者遠離《ちしやおんり》すべき」よしの証文そうろうにこそ。

意訳

（この頃、念仏の道を歩む仲間が、難《むつか》しい仏教の学問にはげむ偉い人と言い争い、私たちの教えがすぐれている、おまえたちの教えは劣っている、などときめつけるから、念仏を非難する者もでてくるし、かえって教えに背を向ける人もでてくる。こういう事は一見自分たちの教えを大事にするために他と争っているように見えるが、ほんとうは、自分自身を育ててくださる教えに背を向ける行いなのではなかろうか。たとえまわりの学問のある偉い人たちが口をそろえて、「念仏などつまらぬ人間のやることだ。真宗は、程度の低い、俗人のやる仏道のまね事だ」などと軽蔑することがあっても、言い争いなどしない方がよい。それどころか「私たちのような能無しの者や難しい事など何もわからないような者が明るく生きて行ける道だと教えていただいたので、教えられたように生活しているだけで、偉い方々から見れば、実につまらない道かもしれないが、私たちにはこうするより外《ほか》にどうしようもないのである。たとえ他にすぐれた教えがあるとしても、私のような者には、難しすぎて実践できそうもない。でも、めざめた人たちのほんとうの心根《こころね》は『どんな者もすべて明るい生き生きとした人生にめざめさせたい』というところにあるのだから、どうぞ私たちの念仏の生活をさまたげないでほしい」と、相手にていねいにたのめば、一体だれが私たちを非難するというのだろうか。言わなくてもよいようなつまらない言い争いをするから、他に負けまいとする意地や面子《めんつ》が働きだすのであろう。明るい人生を歩もうとする者は、つまらない理屈の争いから遠ざかれ、という言い伝えもあるのだから。）

負けてもよい

この世は差別の世界である。まわりの人とくらべて、自分の方がすぐれていると思うと胸がスーッとし、自分の方が劣っていると思うと、ひがみ、悲しまなければならない。お釈迦さまの教えは、この差別の世界を厭《いと》い、平等の無差別の世界に生きよう、という方向を開いた。無差別の生活を実現するために、いろいろな宗派が生まれ、それぞれの立場で平等の世界への歩みが始められた。ところが、ひとたび宗派という集団をつくると、悲しいことに、もうそこから醜い縄張り争いがでてくる。本来、仏の世界には、自分の方がすぐれている、他は劣っている、というような差別意識などあるはずがない。ところが、人間が集団をつくると、そのあってはならないものが登場してくる。道を求めるためにつくられた集団が、道を迷わすはたらきをするのだ。

念仏の教えは、他宗よりすぐれているから聞くのではない。差別のない仏の心に近づこうと努力しても、現実は、いつも他の人とくらべて、劣等感や優越感のとりことなり、ねたんだり、ひがんだり、いばったり、ばかにしたりしているではないか。

私たちは自分が依りどころにしている教えを非難されたり、ばかにされたりすると、それに対抗して口論し、相手を説得し、打ち負かそうとしがちである。そうしないと、自分の面子《めんつ》がたたないのではないか。教えを大事にしているのではなく、自尊心が傷つけられるのが耐えられないのではないか。世の害毒の源は、他人に負けまいとする心である。家庭の中でも、ひとに負けまいという心がでてくると波風が絶えない。それは敵をつくる心だからである。おかあさんが子どもに注意する。子どもは言う事をきかない。だんだんエスカレートして行くと、もう親と子のあいだでも、むき出しの憎しみのぶっつけ合いとなる。親は子に負けまいとし、子も親に負けまいとする。そこには冷たい風が吹き抜けて行くだけではないか。親子の断絶、嫁と姑の問題、みんな、負けまいとする心のぶつかりあいが源になってはいないだろうか。

だが、負けまいとする競争心を失ったら、私たちの生活に進歩向上という事がなくなり何をするのにも消極的になりはしないか、と反論する人もあろう。蓮如さまは、

総別、人にはおとるまじき、と思う心あり。此《こ》の心にて、世間には、物もしならう《(仕習)》なり。仏法には、無我にて候うえは、人にまけて信をとるべきなり。理をまげて情をおるこそ、

『蓮如上人御一代記聞書』

仏《ぶつ》の御慈悲《じひ》なり。

（私たちの日常生活ではどんな事をするにも、他の人に負けまいと思う心がはたらいている。この世の中は、その心によってどんなことでも上達《じょうたつ》して行くのであろう。だがひとたび念仏の教えにめぐりあった者は、自分が世の中に認められなければ人生はおしまいだ、などという暗さはもうないから、人に負けても明るく生き生きと歩んで行くことができる。今の私に一番大事な事がはっきりしてくるならば、目さきの自分の都合などどうでもよくなるのだ。これは念仏の教えに育てられてはじめてわかることなのである。）

と教えられている。相手の足をひっぱり、人を蹴落として自分が世にもてはやされるようになろう、という狭い心の世界からは、進歩も向上も期待できないのではないか。念仏に育てられて行く者は、競争とは相手を尊敬し、自分も一緒に伸びて行こうとする一体感を離れる事はない。人に自分が大事にしているものを非難されるのはやりきれない思いであろう。だがそれに対抗して相手が大事にしているものを非難、軽蔑するならば、それは相手を傷つけるだけでなく、自分の心の世界も決して明るくはならないのではなかろうか。

阿弥陀の親心は、差別の世界に悩む愚か者を、差別なき浄土にめざめさせようという心である。私が念仏に育てられて明るい人生に向かい、他の人が修行や学問の道にいのちをかける、それでいいではないか。自分が信ずるものが正しく、他人が信じているものがまちがっている、などという言い争いはいらない。もし、他の人の道が、その人を救う事にならなければ、その時こそその人は真実を知るにちがいない。真実は私が他人に押しつけられるものではない。自分が真実ならば、自然に放っておいてもまわりの人々が感化されて行くにちがいないのであろう。

言い争いをして相手を打ち負かして、強制的に相手におしつけた信仰で、人が救われるのであろうか。念仏はみんなの救いを説く教えにちがいない。しかし、その教えは、まず私が素直に耳を傾けて、わが身に聞いて行くという事につきるのである。他と争って勝ち誇ろうとする偉い人には、つまらぬ教えに見えるかもしれないが、自分のほんとうの姿を知らされた者にとっては、離れることのできない人生の灯なのである。

故聖人《こしょうにん》のおおせには、「この法をば信ずる衆生《しゅじょう》もあり、そしる衆生もあるべしと、仏ときおかせたまいたることなれば、われはすでに信じたてまつる。またひとありてそしるにて、仏説まことなりけりとしられそうろう。しかれば往生はいよいよ一定《いちじょう》とおもいたまうべきなり。あやまって、そしるひとのそうらわざらんにこそ、いかに信ずるひとはあれども、そしるひとのなきやらんとも、おぼえそうらいぬべけれ。かくもうせばとて、かならずひとにそしられんとにはあらず。仏《ぶつ》の、かねて信謗《しんぼう》ともにあるべきむねをしろしめして、ひとのうたがいをあらせじと、ときおかせたまうことをもうすなり」とこそそうらいしか。

意訳

（親鸞さまは御存命の頃、次のようにお話しになった。「教えを信じる者が一方にあれば必ず他方には教えをそしる者もあるのだ、とお釈迦さまは言われた。今私は、教えに育てられる身になったが、念仏の教えを快く思わない人もいる。お釈迦さまの言葉はまちがってはいない。だから、私たちはまわりの人の声にわずらわされることなく明るい人生を歩むことができる。どうかして、だれも念仏の教えに背を向ける者がいなかったら、どんなに信じる人があっても、どうして疑いを持って批判する者がいないのだろうかと、考えてみなければならない。そうかといって、必ず念仏の教えがそしられなければならない、というわけではない。お釈迦さまは、教えをそしる者がでてきたくらいで、すぐ疑いを持ったり、心が動揺する私たちが、まわりにわずらわされずに明るい人生を歩めるように、そのように説かれたのである」と。)

いやな奴が先生

どんなにすばらしい教えが説かれても、それをみんなが信奉するとはかぎらない。それどころかその教えに背を向け、批判する者が必ずでてくる。それなのに、この教えだけが正しい、それを認めない人がいるのは耐えられない、というのならば、力によって他を押えつけ、自分に従わない者は抹殺《まっさつ》せねばならない。それは一見、教えの正邪をはっきりさせるための争いのように見えるかもしれないが、実際にはそのような争いの場合、教えなどどうでもよいのであって、自分の考えが通れば自尊心が満足できるし、自分の考えが通らなければ屈辱感を味わわなくてはならない、という事の方が深刻になっているのであろう。だから表面は理論の争いのように見えても、実際には、欲望と欲望の争いなのであり、その道具、武器に教えを利用しているにすぎないのではないか。

私に反対する者が一人もいなければ、この世の生活はどんなに楽しい事だろう、とみんな思う。だが、それでは精神的一人っ子、箱入り娘の世界から一歩もでる事はできない。一人っ子や箱入り娘は、世間の荒波を知らない、といわれる。世間の荒波とは、自分にとって都合のわるいもの、つまり私の思いに反対するものなのであろう。自分に反対するものがこの世の中にいる、そんな事は理屈ではだれにもよくわかっている。だが、自分を批判し、非難する者がいるという事は、理屈ではわかっても、現実には耐えられない事なのであろう。だから、できるだけわずらわしさを避け、安易な道をえらぼうとする。

町や村、職場や学校、私たちをとりまく社会では、誰かが責任者となって、中心になって仕事を進めていかなければならない。自分が責任者になって、仕事を企画し、人を動かして行くのは、だれが考えても重要なポストであり、働きがいのある立場なのであろう。ところが、不思議な事に「私がやろう」と積極的に動く人は少ない。自分が乗りだして何かの企画をたてて、いざ実行という事になると、必ず横やりがはいる。それまで責任ある者がどんな苦労をしてきたか、などということは全く問題にされずに、思いつきの批判がなされる。責任ある立場から見れば、まわりの人々は皆、無責任な態度に見える。みんなの事、公共の事など、これっぽっちも考えていない。自分の利害がからんでくると、それまで大賛成だと言っていた人までが、急転してその計画に反対する。「私はみんなのためを思って、大きな視野からこの計画を立案したのに、どうしてみんな自分勝手な事ばかり言って妨害しようとするのだろうか」と、腹の中が煮えくりかえるような思いにかられるのではないか。だが、反対する無責任なやからがいるからやめよう、という事では何もできないのではなかろうか。蓮如さま以後、長い間忘れられ、うずもれていたこの『歎異抄』を再発見し、現代に公開された、清沢満之《きよざわまんし》先生は、次のように教えられている。

請《こ》ふ勿《なか》れ、求むる勿《なか》れ、爾《なんじ》、何の不足かある。若《も》し不足ありと思はば、是れ爾《なんじ》の不信にあらずや。如来は爾《なんじ》がために必要なるものを、爾《なんじ》に賦与《ふよ》したるにあらずや。若《も》し其《そ》の賦与《ふよ》において不充分なるも、爾《なんじ》は決して此《こ》れ以外に満足を得《う》ること能《あた》はざるにあらずや。蓋《けだ》し爾自《なんじみずか》ら不足ありと思ひて苦悩《くのう》せば、爾《なんじ》は愈々《いよいよ》修養を進めて、如来の大命《たいめい》に安《やす》んずべきことを学《まな》ばざるべからず。

『絶対他力《ぜったいたりき》の大道《たいどう》』

（私たちが何かやろうとする時に、自分の思うように事が運《はこ》んで行かないとか、まわりの人たちが無責任で非協力的だからといって腹をたててはならない。あなたは一体何が足りないと言うのか。もし自分の思い通りにならぬ事を不満に思っているとしたら、それは自分自身に問題の根っこがあるのではなかろうか。眼を開け。あなたの人生に必要なものは、ちゃんと与えられているではないか。もし自分の気にくわない事があったとしても、それこそ私に与えられた社会の荒波なのだから、逃げたりせずに正面から受けとめて行こうではないか。だが、どうしても、まわりに腹が立って前進して行くことができないならば、昔からみんながそうしてきたように、念仏の教えに親しみめざめた人の親心にふれて、明るい生き生きとした人生に向かおうではないか。)

念仏の教えを学ぶ者にとって大事なことは自分が教えを正しく受けとめているのかどうか、いつもはっきりさせることであろう。念仏はありがたいものだ、とほめたたえる人は多いが、もし自分の都合のよいように教えを解釈し、利用しているとしたら、それこそ大変なことになる。一生を空《むな》しく過ごしてしまうかもしれないのだ。幸いなことに、私たちのまわりには、念仏の教えを非難し、侮辱《ぶじょく》し、無関心な人もたくさんいる。そういう人たちがいるからこそ、私たちはいつも自分の道が正しいのか、まちがっているのか、真剣に考えることができる。自分の思い通りにならない事がでてくるからこそ、惰眠《だみん》をむさぼっているわけにはいかない。真剣に自分の人生に取り組むことができるのだ。
念仏の教えは、すべての人の救いを問うもの。それなのに、どんなに相手を説得しても説明してもなかなかわかってもらえないのであろう。それは相手がわるいのではない。自分が正しく教えを受けとめていないから、まわりの人の心に何も訴えないのである。信じる者もあれば、そしるものもある。そしる人を見ると腹が立つけれども、その腹の立つ相手こそ、私を成長させていく大事なご縁のある人なのである。

いまの世には学文《がくもん》して、ひとのそしりをやめ、ひとえに論義問答《ろんぎもんどう》むねとせんとかまえられそうろうにや。学問せば、いよいよ如来《にょらい》の御本意をしり、悲願の広大のむねをも存知《ぞんじ》して、いやしからん身にて往生はいかが、なんどとあやぶまんひとにも、本願には善悪浄穢《じょうえ》なきおもむきをも、とききかせられそうらわばこそ、学生《がくしょう》のかいにてもそうらわめ。たまたま、なにごころもなく、本願に相応して念仏するひとをも、学文してこそなんどといいおどさるること、法の魔障《ましよう》なり、仏の怨敵《おんてき》なり。みずから他力の信心かくるのみならず、あやまって、他をまよわさんとす。つつしんでおそるべし、先師の御こころにそむくことを。かねてあわれむべし、弥陀《みだ》の本願にあらざることをと云々

意訳

（今の世の中では、学問する目的が自分が偉くなって、まわりの人たちに頭をさげさせるために、議論し、理屈をふりまいているのではなかろうか。ほんとうの学問は、学べば学ぶほどめざめた人の親心を知り、どんな人の人生も決してだめではない、という阿弥陀の心の世界のすばらしさを深くかみしめて「私のような暗い星のもとに生まれた者に生きがいなどあるはずがない」と運命を歎《なげ》く人々に、阿弥陀の世界では、この世の境遇がよかろうとわるかろうと、どんな素性の人であろうとみんなまちがいなく明るく生き生きとした人生を歩むことができるのだ、という事を、わかりやすく教えてあげることでなければならないし、それこそ念仏の教えに親しむものの姿といわなければならない。それなのに、たまたま何の理屈もつけず

に、わが国に生まれよと呼びかけられる親心に、はいと答えて念仏する人をみて、「学問もせずに念仏などとなえたって救われるはずがない」などと言いおどすのは、教えをゆがめようとする鬼のような人であり、仏教に背を向ける者といわなければならない。それでは自分も永久に暗い心の世界をさまよわなければならないだけでなく、まわりの人々をも暗い迷いの世界にひきずりこんでしまうのであろう。よくよく反省しなければならない。親鸞さまの教えを自分の都合のよいように解釈してはいないかと。心から悲しまなければならない。阿弥陀の親心に背を向けてみずから暗い人生を歩むことを。)

万年新入生

昔は学問する人は少なかった。学問など特別な偉い人が学ぶものだ、とみんなが思っていた。だから、ほんとうに勉強したくても、学校へ出してもらえない人がたくさんいたにちがいない。ところが現在では、だれでも学問するようになった。それどころか、学問など大嫌いな者まで、親が強引にむち打ってあと押しして学校へ追いたてるような珍現象が見られるようになった。だから今の世の中ではみんなが学校へ行くけれども、学校生活など少しもおもしろくない生徒が大半を占めているのではないか。何のために学問するのかという事が今ほどわからなくなった時代はないのであろう。

　学問の目的がわからなくなると、学問は自分を美しく飾る仮面になってしまう。学べば学ぶほど鼻が高くなる。上の学校へ進むと人間が偉くなったような錯覚に陥《おちい》るのではなかろうか。学問を自分をかっこうよく見せる飾りにしてしまうと、その知識をふりかざして、他の人と言い争いをするようになる。学問とは問いを学ぶこと、先生について今の私にどんな問題があるのかはっきりさせることである。問いがはっきりしている者は、今自分が何をしたらよいか、という事に迷いはない。自分がまだ駆出《かけだ》しの頃、はじめて校門をくぐったり、仕事を始めるときには生き生きとしていたではないか。私はまだ何も知らない。はやく何でも体験して先輩たちの仲間入りをしたい、という問題がはっきりしていたから、何でも喜んで実行できたのだ。叱られても意地悪されてもかまわない。そんな事にかかわっているひまはない。今自分がやらなければならないのは、早く環境になれる事だ、仕事を早くおぼえたい、という事がはっきりしていたからだ。ところが、だんだん日数がたつと、いつのまにかその問いがぼやけて見えなくなってしまう。いわゆる生活のマンネリ化がはじまる。自分のやっている事にけちをつけられると、新入りの頃には素直に、はいはいと聞くことができたはずなのに、いつのまにか、かっかと腹がたつようになってはいないだろうか。知らず知らずのうちに、学ぶ姿勢を忘れ、自分の思いのままにまわりの人たちを従わせようとしているのではなかろうか。

問いを持つ者は、自分が偉くなって他人を上から見くだすことはない。親鸞さまは次のように説かれている。

この世のひとは、無実《むじつ》のこころのみにして、浄土をねがうひとは、いつわりへつらいのこころのみなりときこえたり。世をすつるも、名《みょう》のこころ利のこころをさきとするゆえなり。しかればわれらは善人にもあらず、賢人《けんじん》にもあらず……精進《しょうじん》なるこころもなし。懈怠《けだい》のこころのみにして、うちは、むなしく、いつわり、かざり、へつらうこころのみ、つねにして、まことなるこころなきみなりとしるべしとなり。

『唯信鈔文意《ゆいしんしょうもんい》』

（この世に生きる者は、みんな見かけの姿と中味がちがうのだ。阿弥陀の世界に向かう者は、心の中はみなうそでかためられ、外側ばかり美しく見せようとしている、と教えられている。だから、学問して俗世間の醜《みにく》さから足を洗おうとしても、そうする事がもうすでに、偉い人になってみんなから羨ましがられようという心、あるいは、そうした方がソロバンに合うと計算する心がもとになっているではないか。念仏する者は、決してまわりから考えられているような善人でも賢《かしこ》い人でもないし、一筋に道を求める心などさらさらなく、欲望に打ち負かされる怠け者なのだ。心の中はからっぽで、うわべだけ美しく飾って、人の目をごまかしだましているだけだ、という事を決して忘れてはならない。）

胸に手をあててこの親鸞さまの教えを静かにかみしめよう。心の底まで見通されているではないか。真宗の学問は、私が教えられて行くだけなのである。法然さまが学ばれ、親鸞さまが育てられた教えに、私たちも導かれて行くだけ。だから真宗には教える偉い人はいらない。みんな学ぶ人、教えられていくだけで十分なのである。念仏の教えに育てられ、黙々と生きているおばあさんたちに向かって「学問しなければ極楽に生まれないぞ」などとおどしをかける、それはもう学ぶ事を忘れいつのまにか偉い教える人になってしまっているのではないか。

学問しなくても、小さい時から手をひかれて寺に参り、念仏の教えに育てられて生きてきた人には、自然に阿弥陀の世界に向かうゆたかな感情がそなわっている。ただそれは筋道をたてて説明できるようなものではないから知識人の理屈に対して説得力を持っていないだけである。むしろ、おばあさんの身についている念仏の世界がわからない者は、学問しなければならないのではなかろうか。偉い人が学問して愚か者になる、それが真宗の学問なのである。

第十三章

（歎異抄・聖典六三三～六三五頁）

一、弥陀《みだ》の本願不思議におわしませばとて、悪をおそれざるは、また、本願ぼこりとて、往生かなうべからずということ。この条、本願をうたがう、善悪の宿業《しゅくごう》をこころえざるなり。よきこころのおこるも、宿善《しゅくぜん》のもよおすゆえなり。悪事《あしきこと》のおもわれせらるるも、悪業《あくごう》のはからうゆえなり。故聖人のおおせには、「卯毛羊毛《うもうようもう》のさきにいるちりばかりもつくるつみの、宿業《しゅくごう》にあらずということなしとしるべし」とそうらいき。また、あるとき「唯円房《ゆいえんぼう》はわがいうことをば信ずるか」と、おおせのそうらいしあいだ、「さんぞうろう」と、もうしそうらいしかば、「さらば、いわんことたがうまじきか」と、かさねておおせのそうらいしあいだ、つつしんで領状《りょうじょう》もうしてそうらいしかば、「たとえば、ひとを千人ころしてんや、しからば往生は一定《いちじょう》すべし」と、おおせそうらいしとき、「おおせにてはそうらえども、一人《いちにん》もこの身《み》の器量《きりょう》にては、ころしつべしとも、おぼえずそうろう」と、もうしてそうらいしかば、「さてはいかに親鸞がいうことをたがうまじきとはいうぞ」と。「これにてしるべし。なにごともこころにまかせたることならば、往生のために千人ころせといわんに、すなわちころすべし。しかれども、一人《いちにん》にてもかないぬべき業縁《ごうえん》なきによりて、害せざるなり。わがこころのよくて、ころさぬにはあらず。また害《がい》せじとおもうとも、百人千人をころすこともあるべし」と、おおせのそうらいしは、われらが、こころのよきをばよしとおもい、あしきことをばあしとおもいて、願の不思議にてたすけたまうということをしらざることを、おおせのそうらいしなり。

意訳

(「だめな人など一人もいない、という私たちの思いもおよばない阿弥陀の親心の保証があるからといって、わるい事を平気で行うような者は、親心を自分の都合のよいように解釈しているのだから、明るい生き生きとした人生にめざめることはできない」と説く人は、まだ阿弥陀の親心がよくわかっていない人であり、善とか悪とかいうものが、私たちが考えてみた事もない私の生活から生みだされたものだ、という事がはっきりしていないのであろう。日常生活で、よい心が起こるのは、私たちが気がついていないすばらしい生活がもとになっているのだ。また、わるい心が生まれるのも、自分が意識していないわるい生活が原因になってはたらいているからなのだ。今はなき親鸞さまは、「うさぎやひつじの毛の先についている塵《ちり》のように小さな罪であっても、必ずその根っこには、思いもかけないわるい生活が原因となってはたらいているのだ」と教えてくださった。またある時、親鸞さまは、「唯円房よ、何でも私の言う通りにできるか」と仰せられたので、「はい、あなたさまの言う通りにします」と申しあげたら、「ほんとうに私の言う通りにする、などと言ってよいのかな」と念を押された。そこで、「私はうそを申しません」とお答えすると、「それでは今から人を千人殺して来なさい、まちがいなく明るい人生にめざめることができるぞ」といわれたので、「仰せではございますが、私のような甲斐性《かいしょう》のない者には一人だって殺す力などありません」と申しあげた。そうすると「そうだろう、それならなぜ私の言う通りにするなどと言ったのだ。これでよくわかったと思うが、どんな事でも自分の思いのままにできるのなら、救われるために千人殺せといわれれば殺す事ができるはずだ。だが、実際には一人だって殺せるようなご縁がないから殺す事はできないのだ。自分が善人だから殺さないのではないのだ。また逆に一人も殺さないつもりだと思っていても、ご縁があれば、百人千人も殺してしまうこともあるのだ」と仰せられた。親鸞さまは、私たちがともすれば、私がよい人間だから救われる、わるい奴は救われるはずがない、と思いこみ、明るい生き生きとした人生は、阿弥陀の親心の思いがけないはたらきによって歩むことができる、という事を知らないのを、悲しまれて教えられたにちがいないのである。)

おまえは偉くないのだ

阿弥陀の心の世界では、どんな悪党でも救われる。こういう教えを聞くと、すごく腹がたつ人がいるにちがいない。常識では考えられない事なのだから。だからみんな考える。「親鸞さまがそんな非常識な事を教えられるはずがない。この教えの意味は、どんな悪い奴でも、心を入れかえれば救われる、という事にちがいない」というように解釈する人は多い。だがこの『歎異抄』の教えは決して心を入れかえた人だけが救われるとは言っていないのである。それどころか、心を入れかえれば悪人も救われる、という公式をかついでいる人は、大事な「宿業《しゅくごう》」という事がまだわかっていないのだ、と説かれているのである。

宿業は、宿世《しゅくせ》の業《ごう》、生まれる前の生活という意味であろう。昔の人は「あの人は生まれる前の行《おこな》いがよかったから、あんなに幸せになれた」とか、「私がこんなひどい目に会うなんて、一体生まれる前に私がどんなわるい事をしたというのですか」などと表現することが多かった。現代人はそんな事を耳にするとあざ笑う。「昔の人はばかな事を気にしたものだ。生まれる前の行いなんてあるはずがないではないか。そんなの迷信に決まっているよ」と、問題にもしない。

だが、私たちは自分たちは何でもわかっていて、昔の人は無知だったと考えるが、昔の人が「生まれる前」という言葉で表現した象徴的な意味を見落としてはいないだろうか。私たちが通常「この世」と呼んでいるのは何か。それは生まれてからの世界、言いかえれば、自分が意識している世界なのであろう。そうすると「生まれる前」というのは、意識以前の世界、つまり、自分がまだ気がついていない、未知の事実の世界ではなかろうか。私たちはよい行い、わるい行い、と言う。それは自分の意志や努力で、いくらでもできると思っているのであろう。

だが、まわりの人々をよく観察してみよう。「あの人なら、そのくらいのわるい事はやりそうなものだ」、「あの人は、今でこそ目だたない仕事をやっているが、今に必ず頭角をあらわしてくるにちがいない」、「気の毒な事だった。だがあの人はそうなるより仕方がなかったと思う」などと言うではないか。まわりから見ていると、別に科学的に分析したわけではないが、ある程度は人の姿がつかめるではないか。だが、ご本人はそんな事はわからないし、考えて見た事もなかったのではないか。何事も自分の思いのままに行動していると思っているが、実際には私たちの生活は、自分の思いも及ばない動きをしているのではなかろうか。

ハンドルをにぎって「俺は無暴運転などしたことがない」といばる人がいる。だが、よく考えてみると、たまたまその人は事故をおこすような条件にぶつからなかっただけではないのか。極端な言い方をすれば、つきについていたのであろう。試験によい点を取ったり、激しい競争を突破したりすると、自分が偉いからそれができたような気がする。だがこの世の中に、自分の努力でできた、などという事は何一つないのではないか。すべてがおかげさまなのである。それを忘れて鼻を高くしていると、結局は自分自身を粗末にすることになるぞ、と親鸞さまは教えられているのである。

また、人殺しをしようと思っても、盗みをしようと思っても、条件がそろわなかったらできるはずがない。どんなに気をつけて運転していても、突然、横から小さな子どもや老人がとびだしてきたら、どんな模範生も一転して大悪党になるではないか。思いがけない出来事にぶつかって、一生を棒に振ったような人がどんなに多いことか。念仏の教えは、その一生を棒に振ったと思い、世をうらみ、人生をあきらめた人に「おまえは決してだめじゃないぞ、今からでも遅くない、必ず明るい生き生きとした人生が歩めますよ」と、力強く呼びかけているのである。

そのかみ邪見《じゃけん》におちたる人あって、悪をつくりたるものを、たすけんという願にてましませばとて、わざとこのみて悪をつくりて、往生《おうじょう》の業《ごう》とすべきよしをいいて、ようように、あしざまなることのきこえそうらいしとき、御消息《ごしょうそく》に、「くすりあればとて、毒をこのむべからず」と、あそばされてそうろうは、かの邪執《じゃしゅう》をやめんがためなり。まったく、悪は往生のさわりたるべしとにはあらず。「持《じ》戒持律《かいじりつ》にてのみ本願を信ずべくは、われらいかでか生死《しょうじ》をはなるべきや」と。かかるあさましき身も、本願にあいたてまつりてこそ、げにほこられそうらえ。さればとて、身にそなえざらん悪業《あくごう》は、よもつくられそうらわじものを。また、「うみかわに、あみをひき、つりをして、世をわたるものも、野やまに、ししをかり、とりをとりて、いのちをつぐともがらも、あきないをもし、田畠《でんぱく》をつくりてすぐるひとも、ただおなじことなり」と。

意訳

（いつだったか、念仏を自分の都合のよいように利用する人がいて「わるい人をたすけるというのが阿弥陀の親心だから、故意にわるい事をして悪人になって救われよう」と言って、さかんにわるい事をやりはじめた、といううわさが聞こえてきたとき、親鸞さまは「どんな毒でも消す薬があるからといって、自分から好んで毒を飲む人がどこにあろうか」と、お手紙をくださったのは、そのまちがった考えをなおそうとされたのであろう。たしかにどんなわるい事をしてしまった人であっても、阿弥陀の親心は、必ず明るく生き生きとした人生によみがえらせるにちがいない。もしも、朝から晩まで模範生の生活をする者だけが阿弥陀の親心に育てられる事ができるというのなら、私たちのような、模範生になろうとすれば肩が凝《こ》るような者は、どうして明るい人生にめざめる事などできようか。こんなどうしようもない私でも、阿弥陀の親心に育てられてこそ「生きるという事は何とすばらしいんだろう」と、胸を張って宣言することができるのである。悪人を救うのが阿弥陀の親心だからといって、さあわるい事をしようなどと言っても、わるい事をやってしまうご縁がなければ、悪事などをはたらけるはずがないのだ。念仏の教えにひとたび導かれる身となれば、海や川で魚をとって生活する者も、野山でけものや鳥を追って暮らしをたてている者も、あるいは、あきないをしたり、田畠を耕して毎日を過ごす者も、決してだめな人生ではない。みんな、その暮らしのまま、明るい生き生きとした人生を歩むことができるのだ。）

最低の救い

どんなわるい奴でも、阿弥陀さまはまずまっさきに助けてくださる、という教えを耳にして、「そうれみろ、俺が何をやろうと俺の勝手じゃないか」と、ひらき直って、わるい事を平気で続ける人がでてきたのだ。これは昔のできごとだと言ってかたづけるわけにはいかない。今でも同じような発想をする人はたくさんいるのだ。『涅槃経《ねはんぎょう》』という経典の中に、インド・マカダ国の阿闍世《あじゃせ》王が、父の頻婆娑羅《びんばしゃら》王を殺害したが、やがて自分のやった事を後悔するようになり、それがもとで病気になって苦しみ悩むようになる。そこへ六人の思想家をそれぞれ背景に持つ六人の大臣が現れ、入れかわりたちかわり阿闍世をなぐさめる。いわゆる六師外道《ろくしげどう》という当時の偉い人たちの考え方がえがかれている。親鸞さまは、その主張をそのまま『教行信証《きょうぎょうしんしょう》』に引用しておられる。そのいくつかをたずねてみよう。

臣《しん》、大王に言《もう》さく、「大《おお》きに愁苦《しゅうく》することなかれ」と。……王の言《のたま》うところのごとし……地獄をまぬがれずとは、誰《たれ》か往《ゆ》きてこれを見て、来《きた》りて王に語るや。「地獄」と言うは、直ちにこれ世間に多く智者説《と》かく………

『教行信証・信巻』

（大臣が大王をなぐさめて言うには、そんな事を心配なさることはない。王さまは、私は地獄へ落ちるより仕方がないと恐れておられるが、一体だれが地獄へ行ってそのありさまを見て帰ってきたというのですか。地獄なんて頭のよい人が愚か者に悪いことをさせないように説かれた話にすぎない。）

大王、しばらく愁怖《しゅうふ》することなかれ。法に二種あり、一つには出家《しゅつけ》、二つには王法《おうほう》なり。王法は、いわく、その父を害せり……迦羅羅虫《からちゅう》のかならず母の腹《はら》を壊《やぶ》りて、しかして後すなわち生ずるがごとし。……母の身を破るといえども、実にまた罪なし。……治国《じこく》の法、法としてかくのごとくなるべし。……出家《しゅつけ》の法は、乃至蚊蟻《ないしもんぎ》を殺するもまた罪あり。

（大王よ、心配することはない。世の中の善悪をきめる尺度が二つある。その一つは出家者の道徳、もう一つは世俗の常識である。世の中の常識では、あなたは父を殺害したといわれるが、カラ虫が生まれる時にはいやでも母のおなかを喰い破らなければ生まれてくる事ができないという。母の身体を破ってもそれは自然のおきてなのだから子に罪はない。それと同じように、あなたは国のために社会のために父を殺さなければならなかったのだから、それは国を治める者の正当手段である。だからあなたに罪はないのだ。もし、出家者であったならば、蚊《か》や蟻《あり》を殺すことだって罪だが、あなたは世俗の人だから罪はないのだ。）

やや願わくは大王、また愁苦《しゅうく》することなかれ、と。乃至　一切衆生《いっさいしゅじょう》みな余業《よごう》あり。業縁《ごうえん》をもってのゆえにしばしば生死《しょうじ》を受く。もし先王に余業有らしめば、王今これを殺せん、竟《つい》に何の罪かあらん。

（大王よ、心配なさいますな。どんな人も生まれる前の行いのはたらきが残っているのだ。よい事をやったかわるい事をやったかによって、生まれ変わったこの世でもそれに応じていろいろな報《むく》いを受けなければならない。あなたの父、頻婆娑羅《びんばしゃら》王は、前の世のわるい行いのはたらきが残っていたので、あなたに殺されたのだ。それは自業自得《じごうじとく》なのだから、あなたに罪はないのだ。）

この大臣たちのなぐさめの言葉では、阿闍世王は救われなかったと伝えられている。理論は堂堂としていても、その言葉には血が通《かよ》っていないのであろう。この二千五百年も前の思想家たちの発想は、今の世でも決して衰えてはいない。私たちの日常生活でも、非のうちどころのない理屈を持ちだしては、自分の欲望や立場を正当化してはいないだろうか。そういう時、理屈は筋が通《とお》っていて、だれも反論できないけれども、どこかその言葉は冷たくむなしいのであろう。言葉にまことが感じられないからである。「どんなわるい奴もたすけてやる、といわれるからわるい事を続けよう」という心の奥をたずねていくと、その人は決して阿弥陀の親心を肌に感じてはいない。教えを他を説得する権威にまつりあげ自分のやりたいと思う事を正当化しているからである。どんな人でも決してだめではないぞ、と呼びかける阿弥陀の親心が胸にしみ入るならば「わるい事をしてもかまわないいじゃないか」などと開き直る必要はさらさらないのではなかろうか。

親鸞さまの教えのすばらしさは、日常生活でいい顔をしなくてもよい、という事である。親鸞さまは決して「念仏する者はむつかしい学問をせねばならぬ」とは説かれなかった。また、「修行しない者はだめだ」とか、「うそをついてはならない」とか、「魚や肉をたべる者は救われない」とは教えられなかった。もし、そう教えられていたなら、私たちはきっと鼻もちならぬ偽善《ぎぜん》者《しゃ》の道を歩まなければならなかったのではなかろうか。

　家庭の中がうまく行かず、いやな問題が続いて世の中に恥をさらしている者、試験に失敗してふさぎこんでいる者、思いもかけず商売が失敗してひどい目に会った者、前科者だといってうしろ指をさされている者、みんなに軽蔑される仕事を黙々と続けなければならない者、思いがけない事から、人を殺したりとりかえしのつかない傷を負わせてしまった者、そういう境遇に身を置いた者には、「これから努力すれば何にでもなれる。よい事を積み重ねて行けば必ず報いられる」などという常識は通用しない。何をやってもよい顔はできないのだから、人をうらみ、世をのろい真っ暗な未来を前に悩み苦しみ、あきらめようとするのであろう。運命の非情さを歎《なげ》き、暗い人生に、死んでも死にきれない思いで沈んで行った人が何と多いことか。

　だが、これはまったく思いがけないことであるが、真宗の教えは、このどうにもならない者が明るく生きて行ける道を切り開いてきた歴史を持っているのだ。とにかくどんなに苦しくても、どんなに眼の前が真っ暗でも、親鸞さまの教えに耳を傾けてみよう。念仏に育てられて生きた親鸞さま自身も、その最低の人生から出発されたのだから。

「さるべき業縁《ごうえん》のもよおせば、いかなるふるまいもすべし」とこそ、聖人《しょうにん》はおおせそうらいしに、当時《とうじ》は後世者《ごせしゃ》ぶりして、よからんものばかり念仏もうすべきように、あるいは道場にはりぶみをして、なむなむのことしたらんものをば、道場へいるべからず、なんどということ、ひとえに賢善精進《けんぜんしょうじん》の相《そう》をほかにしめして、うちには虚仮《こけ》をいだけるものか。願にほこりてつくらんつみも、宿業《しゅくごう》のもよおすゆえなり。さればよきことも、あしきことも、業報《ごうほう》にさしまかせて、ひとえに本願をたのみまいらすればこそ、他力にてはそうらえ。『唯信抄《ゆいしんしょう》』にも、「弥陀《みだ》いかばかりのちからましますとしりてか、罪業《ざいごう》の身なれば、すくわれがたしとおもうべき」とそうろうぞかし。本願にほこるこころのあらんにつけてこそ、他力をたのむ信心も決定《けつじょう》しぬべきことにてそうらえ。おおよそ、悪業煩悩《あくごうぼんのう》を断じつくしてのち、本願を信ぜんのみぞ、願にほこるおもいもなくてよかるべきに、煩悩《ぼんのう》を断じなば、すなわち仏《ぶつ》になり、仏のためには、五《ご》劫思惟《こうしゆい》の願、その詮《せん》なくやましまさん。本願ぼこりといましめらるるひとびとも、煩悩不浄《ぼんのうふじょう》、具足《ぐそく》せられてこそそうろうげなれ。それは願にほこらるるにあらずや。いかなる悪を、本願ぼこりという、いかなる悪か、ほこらぬにてそうろうべきぞや。かえりて、こころおさなきことか。

意訳

（「どんなご縁にめぐりあうかによって私たちは、人も羨《うらや》むような華《はな》やかな一生になるかもしれないし、あるいはみじめなあさましい生涯を送るようになるかもしれないのだ」と親鸞さまは教えられたのに、近頃は人生の問題についてはなんでもよくわかっているような顔をして、まじめな模範生ばかりが念仏する資格があるとでもいうように、道場に「こういうわるい事をした者は道場へ立入り禁止」などと張り紙する人まででてきたが、そういう姿勢こそ、うわべは偉いまじめな努力家のように振舞っていても、心は欲望と野心《やしん》がうずまいているのではなかろうか。阿弥陀さまがたすけてくれるんだと言って悪事をはたらいたとしても、その悪事さえご縁がなければはたらくことなどできないのだ。だから、善も悪も、私の思いをこえたものにちがいないから、威張らずひがまず、ただ念仏の教えに親しみ、阿弥陀の親心の中に生きることが、明るい人生にめざめて行く道なのである。聖覚《せいかく》さまの『唯信《ゆいしん》鈔《しょう》』にも「阿弥陀の親心を勝手に過小評価するから、私のような罪深い者は救われないなどと思うのではないか」と教えられている。阿弥陀さまが絶対にたすけてくれるからわるい事をしても大丈夫だ、と信頼するぐらいでなかったら、どうして思いもおよばない明るい人生にめざめることができようか。もし、わるい事をきっぱりとやめ、欲望の根っこを断《た》ち切ってから阿弥陀の世界に生きるならば、阿弥陀の親心を利用するなどという事は避けることができるだろうが、欲望を断ち切った人はもう仏さまだから、仏さまには、どんな人でもだめではないという深い親心は、もう必要なくなっている。阿弥陀の親心を勝手に利用する奴は救われない、ときめつけている人たちも、やはりどす黒い欲望のとりこになっているのではないか。そういう人もまた阿弥陀の親心を自分の都合のよいように解釈しているのではなかろうか。一体何をさして親心を利用しているというのか、何をさして親心を利用していないというのか、そういう批判をする者こそ、まず自分自身が念仏の教えに学ばなければならないのではなかろうか。)

心の狭いのは

私たちの生活では、何事もこれからはじめようとしている時がいちばんいいようだ。一所懸命になって、何でも吸収しようと努力している姿は美しいし、気持ちがよい。ところがやろうとした事が一段落すると、まわりをゆっくり見まわす余裕が生まれてくる。そうするといつのまにか、まわりの人と自分を見くらべてみて、俺は偉いんだぞと思ったり、何で私だけこんなみじめな思いをしなければならないのか、と悩むようになる。これが迷いの始まりなのであろう。

後世者《ごせしゃ》とは、浄土を願う人。いつも心がけてお寺へ参り、仏法を聞き、喜んでいる人の事である。自分の人生をいいかげんにしないで、まじめに考えて行こうというのだから、この忙しいせちがらい世の中では、なかなかできない事を自ら実践している人なのであろう。唯円さまは、この後世者を徹底的に批判している。だが、その批判は決して、寺参りするような奴はだめだ、というような他人に向かっての批判ではない。なぜならば唯円さま自身、念仏して浄土へ向かう人の仲間だからである。唯円さまは、いつもお寺に参り、仏法に慣れ親しむようになると、知らず知らずのうちに「損だ得だと言ってもうける事ばかり考えている世間の奴らと、いつも教えを聞いている自分とはちがうんだ」という誇りと差別心が頭をもたげてくる。唯円さまはそれが悲しかった。それこそ賢善精進《けんぜんしょうじん》の姿と呼ばれる偽善者の姿勢にほかならないからである。言いかえれば「仏教を聞こうとしない者は意識が低くだめな人で、仏教を信ずる者は人生をまじめに考える偉い人だ」と思う心こそ、だめな人は一人もいない、という阿弥陀の親心にそむくものである、という事に気づかれたのである。親鸞さまの言葉だといわれている「たとえ牛盗人といわれても、あの人は仏教信者だ、偉い人だといわれるよりはましだ」という教えをわが身にがっちりと受けとめられているのである。

　仏さまってよくわからない、という人がいる。死人と仏さまを一つにしてしまっている人もいる。だが、そういう人でも「仏さまのような人」と聞けば、死人のような人だなどと思う者はいない。仏さまはみんなよくわかっているのである。「仏さまのような人」は底なしに人のよい人であろう。自分が損をしたとか、ばかを見た、などということがない。あらゆるものに愛情をたたえた人にちがいない。残念ながら私たちには、そんな広い底なしの度量はない。いつもソロバンをはじいて損得を考え、自分の都合のよい事にしか手をださない。そういう狭い心の眼から仏さまのような人をみると、やっていることがみんなばかに見える。自分が得をすることは何一つないからである。だが、そんなばかな事には絶対に手をださない私たちの生活の実態はどうか。いつも人とくらべて、外側だけをかっこうよく美しく飾ろうとし、自分よりましな人を見るとためいきをつき、ねたみ、あせり、そしり、一時《ひととき》として心安らかな時がないではないか。こんなだめ人間のために念仏の教えがあるのだ。静かに教えをきき、阿弥陀の大きな心の世界を心ゆくまでたずねようではないか。

第十四章

（歎異抄・聖典六三五～六三六頁）

一、一念に八十億劫《こう》の重罪を滅《めっ》すと信ずべしということ。この条は、十悪五逆《じゅうあくごぎゃく》の罪人、日ごろ念仏をもうさずして、命終《みょうじゅう》のとき、はじめて善知識《ぜんじしき》のおしえにて、一念もうせば八十億劫のつみを滅《めっ》し、十念もうせば、十八十億劫《とはちじゅうおくこう》の重罪を滅《めっ》して往生すといえり。これは、十悪五逆の軽重《きょうじゅう》をしらせんがために、一念十念といえるか、滅罪《めつざい》の利益《りやく》なり。いまだわれらが信ずるところにおよばず。そのゆえは、弥陀《みだ》の光明《こうみょう》にてらされまいらするゆえに、一念発起《いちねんほっき》するとき、金剛《こんごう》の信心をたまわりぬれば、すでに定聚《じょうじゅ》のくらいにおさめしめたまいて、命終《みょうじゅう》すれば、もろもろの煩悩悪障《ぼんのうあくしょう》を転じて、無生忍《むしょうにん》をさとらしめたまうなり。この悲願《ひがん》ましまさずは、かかるあさましき罪人、いかでか生死《しょうじ》を解脱《げだつ》すべきとおもいて、一生のあいだもうすところの念仏は、みなことごとく、如来大悲《にょらいだいひ》の恩を報じ徳を謝すとおもうべきなり。念仏もうさんごとに、つみをほろぼさんと信ぜば、すでに、われとつみをけして、往生せんとはげむにてこそそうろうなれ。もししからば、一生のあいだ、おもいとおもうこと、みな生死《しょうじ》のきずなにあらざることなければ、いのちつきんまで念仏退転《たいてん》せずして往生すべし。ただし業報《ごうほう》かぎりあることなれば、いかなる不思議のことにもあい、また病悩苦痛《びょうのうくつう》せめて、正念《しょうねん》に住せずしておわらん。念仏もうすことかたし。そのあいだのつみは、いかがして滅《めつ》すべきや。つみきえざれば、往生はかなうべからざるか。摂取《せっしゅ》不《ふ》捨《しゃ》の願をたのみたてまつらば、いかなる不思議ありて、悪業《あくごう》をおかし、念仏もうさずしておわるとも、すみやかに往生をとぐべし。また、念仏のもうされんも、ただいまさとりをひらかんずる期《ご》のちかづくにしたがいても、いよいよ弥陀《みだ》をたのみ、御恩を報じたてまつるにてこそそうらわめ。つみを滅《めっ》せんとおもわんは、自力のこころにして、臨終正念《りんじゅうしょうねん》といのるひとの本意《ほんい》なれば、他力《たりき》の信心なきにてそうろうなり。

意訳

(一声念仏すると、八十億劫という気の遠くなるような深さをもった重い罪がなくなるという教えがある。この教えによると、人を殺したり、仏法に背を向ける罪人が一生のあいだ念仏した事がなくても、いよいよ死を迎えてはじめて師の導きによって一声南無阿弥陀仏ととなえるならば、八十億劫という深さをもった重い罪が消え、十声となえればその十倍の罪でも消え去って明るい人生を体験できるといわれる。これはおそらく罪の重さを思い知らせるために、一声の念仏、十声の念仏と説かれたのであろう。すべてだめな人は一人もいないという親心のすばらしさを教えられたものである。それを自分の犯した罪を消すために念仏するというように文字通りに受けとめてはならない。なぜならば、阿弥陀の親心によって、念仏に育てられる身となれば、どんな境遇にぶつかっても迷う事のない明るい心が開かれてくるので、生き生きとした人生が約束され、欲望に惑わされる事のない安らかな生涯を終わることができる。この親心にめぐりあわなかったら、私のようなあさましい者がどうして明るい人生に踏みだすことなどできようか。一生のあいだとなえて行く念仏は、その明るい人生のすばらしさを讃《たた》え、阿弥陀の親心に心からの感謝をささげるだけだという事を忘れてはならない。念仏するたびにこれだけの罪を帳消しにして行くなどと思うのは、自分の力で罪を消して明るい人生を獲得しようと努力する行いになってしまう。それなら一生のあいだの私たちの生活はすべて、この夢まぼろしの見せかけの幸福追求に結びついている迷いの姿であるから、死ぬまでその迷いを消すために念仏をとなえなければならなくなる。だが私たちの人生はご縁のものだから、思いもかけない目にあったり、どんな苦しい病気になるかわからないから、いのち終わるとき、はたして念仏をとなえられるかどうかわからないのではないか。そのとなえなかった間の罪はどうなるのか。罪が消えなければ明るい人生は歩めないのだろうか。だめな人など一人もいないという阿弥陀の親心にめぐりあうならば、どんな思いがけない事にぶつかってわるい事をしてしまったり、臨終に念仏しそこなったとしても、まちがいなく明るい人生を全《まっと》うすることができるのだ。したがって臨終に念仏が口にでてくるのも、まもなく完全に迷いの人生に終止符をうつ事ができるのだから、いよいよ明るい人生に眼を開かせていただいた事を感謝するのみである。念仏して罪を消そうなどと思うのは念仏を自分の都合のよいように利用する事であり、いのち終わる時仏さまのお迎えを期待しなければならない消化不良の人生を歩んだ人の本音《ほんね》なのだから、阿弥陀の親心がまだ胸にひびいていないのではなかろうか。)

このままでよい

この世でわるい事ばかりしていた人が、臨終に一声南無阿弥陀仏ととなえると、罪が軽くなり、十声となえると罪が消える、と信じた人がいたらしい。いつも親鸞さまの教えを受けていた唯円さまは、そういう事を断固として否定する。なぜならば、念仏すれば罪が消えると主張する事は、おまもりやおふだを身につけると災難から逃れる事ができるとか、結婚式の日をえらばないと不幸になる、というような、眼に見えないものへの怖《おそ》れがもとになっているからである。

私たちの生活の現実をごまかさずに受けとめるならば、どんなに念仏したところで、欲はなくならないし、根性のよくないのも直らないし、災難に会うこともあるし、病気が重くなることもあるし、貧乏神が逃げて行くわけでもない。念仏して世の中を自分の都合のよいようにしようと思う心があさましいのである。念仏はあくまでも自分の欲望を満足させる手段ではない。だから念仏の教えに育てられて生きた者は、昔から、自分の都合のよいようにしてくれ、と神仏に祈ることはなかった。この事だけははっきりさせておかないと、親鸞さまの教えが誤解され、ねじまげられて行くにちがいない。

真宗の寺には、おまもりもおふだもないし厄除《やくよ》けの行事はない。家庭の仏壇の中はどうなっているか。おまもりやおふだがべたべたと貼ってはないだろうか。真宗門徒の仏壇は阿弥陀一仏を安置し、みんなが南無阿弥陀仏と拝む場所なのである。阿弥陀仏を拝むという事は、何ものにもたよらない、何ものにも祈る必要がない、という事にほかならない。念仏する者に罪ほろぼしはいらない。なぜなら自分のやった事に責任を持てる心が与えられるからだ。神さまや仏さまにお祈りして自分の罪をごまかそうなどという狭い心を放棄して、阿弥陀の大きな心に生きるのである。

私たちは、いつもいやな事があると、そこから逃げだそうとする。毎日、思いがけないいやな事ばかり次々と起こる。人生はいやな問題の木がいっぱい生《は》えている林の中を行くようなものである。一所懸命努力してきづきあげたものが一瞬のうちに水の泡となる。親しい人が思いがけなくこの世を去る。子どもや孫も思うようには動かなくなる。頼りにしていた人にはあざむかれる。自分がやろうと思うことには、次々と邪魔がはいり、なかなかうまく行かない。どうして私だけよりによってこんな目にあわなければならないのか、とためいきがでてくる。そんな時「神さま仏さま何とかしてください」と祈りたくなるのではないか。弱い心である。現実から逃げようとする心である。だがその心には不安がつきまとうから明るさがない。みんな暗い顔をしている。念仏の教えは、そういう現実から逃げようとしている私の姿を鏡のようにはっきりと映しだす。もしこの教えに会わなければ私たちは人生の迷いに気づくことなしに、まぼろしの幸せを求めてさまよわなければならない。念仏は呪文《じゅもん》ではなく、都合のわるい現実をがっちりとこの身に受けとめて行く自覚の合言葉である。

ある交通係のおまわりさんが次のように語ってくれた。「最近かかってくる電話にこんなのが多くなった。あそこの道路に駐車したら罰金とられますか。あの道路は追越しをしたら罰せられますか」こういう話を聞いて別に何もおかしくない、という人が意外に多いのではないか。そう言えば、酒席で「自動車を運転するから遠慮する」というと、「今日あたり取締りもないから大丈夫ですよ。一杯位どうです」と勧められる。何でもないありふれた会話のようだが、前の電話と発想がよく似ている。道路交通法には、これこれの事をすると、何万円の罰金というような罰則規定もあるにちがいない。だが、それは人を監視し、処罰するために定められたものではない。むしろ、そういう行為がいかに交通の妨げとなり、人命軽視の源になっているか、という事をはっきり知らせよう、というところに意義がある。違反を見つけられて損をしたとか、罰金さえ支払えばすべてかたがつくという姿勢こそ問題なのであろう。

念仏は罪を除く、という教えは、私たちの一生が、欲望にとりつかれ、目さきの幸せに惑わされて、あくせくするほかには何もないことを自覚せよ、ときびしく問いかけられる親心であった。阿弥陀の親心にめぐりあえば自分をかっこうよく見せる必要は、もうない。一生涯、このままでいいのだ。これこそまちがいない私の人生なのだから。

第十五章

（歎異抄・聖典六三六～六三七頁）

一、煩悩具足《ぼんのうぐそく》の身をもって、すでにさとりをひらくということ。この条、もってのほかのことにそうろう。即身成仏《そくしんじょうぶつ》は真言秘教《しんごんひきょう》の本《ほん》意《い》、三密行業《さんみつぎょうごう》の証果《しょうか》なり。六根清浄《ろっこんしょうじょう》はまた法華一乗《ほっけいちじょう》の所説《しょせつ》、四《し》安楽《あんらく》の行の感徳なり。これみな難行上根《なんぎょうじょうこん》のつとめ、観念成就《かんねんじょうじゅ》のさとりなり。来生《らいしょう》の開覚は他力浄土の宗旨《しゅうし》、信心決定《しんじんけつじょう》の道《どう》なるがゆえなり。これまた易行下根《いぎょうげこん》のつとめ、不簡善悪《ふけんぜんあく》の法なり。おおよそ、今生《こんじょう》においては、煩悩悪障《ぼんのうあくしょう》を断ぜんこと、きわめてありがたきあいだ、真言《しんごん》・法華《ほっけ》を行ずる浄侶《じょうりょ》、なおもて順次生《じゅんししょう》のさとりをいのる。いかにいわんや、戒行恵解《かいぎょうえげ》ともになしといえども、弥《み》陀《だ》の願船《がんせん》に乗《じょう》じて、生死《しょうじ》の苦海《くかい》をわたり、報土《ほうど》のきしにつきぬるものならば、煩悩《ぼんのう》の黒雲はやくはれ、法性《ほっしょう》の覚月《かくげつ》すみやかにあらわれて、尽十方《じんじっぽう》の無碍《むげ》の光明に一味にして、一切の衆生《しゅじょう》を利益《りやく》せんときにこそ、さとりにてはそうらえ。この身をもってさとりをひらくとそうろうなるひとは、釈尊のごとく、種種の応化《おうけ》の身《しん》をも現《げん》じ、三十二相・八十随形好《ずいぎょうこう》をも具足《ぐそく》して、説法利益《せっぽうりやく》そうろうにや。これを**こ**そ、今生《こんじょう》にさとりをひらく本《ほん》とはもうしそうらえ。『和讃《わさん》』にいわく「金剛堅固《こんごうけんご》の信心の　さだまるときをまちえてぞ　弥陀《みだ》の心光摂護《しんこうしょうご》して　ながく生死《しょうじ》をへだてける」（善導讃）とはそうらえば、信心のさだまるときに、ひとたび摂取《せっしゅ》してすてたまわざれば、六道に輪回《りんね》すべからず。しかれば　ながく生死《しょうじ》をば　へだて　そうろうぞかし。かくのごとくしるを、さとるとはいいまぎらかすべきや。あわれにそうろうをや。「浄土真宗《じょうどしんしゅう》には、今生《こんじょう》に本願を信じて、かの土《ど》にしてさとりをばひらくとならいそうろうぞ」とこそ、故聖人のおおせにはそうらいしか。

意訳

（念仏すれば、欲望を離れることのできない生身《なまみ》のままでさとりを開きめざめた人となる、と説く人がいるが、これはとんでもない誤解である。生身《なまみ》のままめざめた人になる、というのは、真言宗の説く秘密の教えのこころであり、特殊な修行の目指すところといわれている。また身体《からだ》と心のけがれをぬぐい去って欲望のかけらもない偉い人になるというのは、すぐれた仏教理論が示されている『法華経《ほけきょう》』に説かれている命がけの修行によって感得されるといわれている。しかし、これらはみな並《なみ》の人ではとても実践できるようなものではなく、頑強な体力と天才的能力の持ち主でなければ、とてもつとまるような修行ではないし、あらゆる欲望の眼《まなこ》をぬぐい去って物事を正しく見る能力をそなえてはじめて得ることができるさとりだと言われている。さて、私たちが思いもかけない明るい生き生きとした人生にめざめて行くというのは、阿弥陀の親心の働き、浄土真宗の教えであり、阿弥陀の親心とめぐりあい、めざめた人に育てあげられて行く生涯を歩むのである。これこそだれでも歩める愚か者の道であり、だめな人は一人もいないという教えにもとづくものである。だいたいこの世に生きるものが欲望の眼を断ち切るなどという事はほとんどありえない事だから、真言、法華の難しい修行に挑戦する人々も、自分の人生を真剣に問う者は、念仏の教えを学ぶようになるのである。ましてや私たちのような目さきの幸せを追いかける事しか知らない者が、この世でさとりを開くなどという事はありえないではないか。だが戒律もまもれず、能力もないけれども、阿弥陀の親心の船に乗り、底無しの迷いの海を渡り、念仏の教えに育てられて阿弥陀の世界へ導かれるならば、欲望の雲も眼をくもらすことなく、私たちの思いも及ばない真実の月が輝き、何一つとしてさえぎるもののない阿弥陀の親心となって、運命にしばられて暗い世界をさまよう者をすべてよみがえらせるにちがいない。そうなってはじめてさとりを開いたといえるのであろう。生身《なまみ》のまま、私はさとりを開いたと言っている人は、お釈迦さまと同じく、この世のすべての人々を救うために、さまざまな姿になり、めざめた人の持つさまざまな特徴を身にそなえて、法を説き人々に明るい人生を歩ませているだろうか。このようにお釈迦さまと同じはたらきができることを、この世でさとりを開くというのだ。親鸞さまのご和讃《わさん》に「阿弥陀の親心が私たちの胸にひびくようになった時、どんな人でも親心のこめられた念仏に育てられて、欲望の眼にふりまわされない道を生き生きと歩むことができる」と言われているように、阿弥陀の親心とめぐりあう時に、もう自分はだめな人間ではなくなるのだから、暗い迷いの誘惑に惑わされることはなくなる。だから念仏の教えと一緒に歩む人生は明るく生き生きと輝いている。こういう身になる事を、どうしてさとりを開いたなどと言えようか。もしそう思っているとしたら気の毒な事である。

「浄土真宗の教えは、この世において阿弥陀の親心にめぐりあい、念仏の教えに導かれて、私たちの思いもおよばない明るい生き生きとした人生を、欲望の眼をはたらかせる必要のないめざめた人のあとに従って歩ませていただくのだ」と、今は亡き親鸞さまは教えてくださった。)

あの世のさとり

現代は知識の時代である。みんな自分がたくわえた知識だけで他を批判するようになった。「お念仏して、いのち終わって仏さまのさとりをひらく」などと聞くと、「死ねば骨と灰になるだけじゃないか」と、あざけり笑う。むしろ「生身《なまみ》のままお釈迦さまと同じ仏さまになる」とか、「身体と心を浄《きよ》めて、迷いを断ってさとりをひらく」というような教えの方がよくわかるのであろう。理屈に合っているし、自分の考えと矛盾しないからである。「いのちがけの修行に挑戦し、自分の努力で仏さまとなり、この世を仏の国に変えて行こう」、こういう教えは、いかにもたのもしくすばらしく見える。「努力さえすればだれだって甲子園へ行けるんだぞ」というのとよく似ている。みんなの好みに合っているのだ。それとくらべると、「念仏して、次の世のさとりを願う」という浄土の教えは、何となくたよりなく、弱々しく感じられる。現代人の好みに合わないから、ふり向いて見る人は少ない。だが、そんなたよりにもならぬものに、なぜ親鸞さまが、いのちをかけ、私たちの祖先がなぜ涙を流して喜んだのだろうか。唯円さまは、泣く泣く筆を染めてその事を私たちに教えておられるのである。

この世を自分の力で仏の浄土にしよう、と言うのはやさしい。しかし、その道を実践することが大変なのである。どの経典にも、だれでもめざめた人になれる、と説いてある。だが、仏になる可能性がある、という事と、仏になる、という事はちがう。小学校の時から「だれでも努力すれば、できるようになる」と先生に言われてきた。だが、一所懸命努力しても、どんな科目でも満点をとれるようになった人はきわめて少ない。ほとんどの人は途中で落伍したり、あきらめてしまう。この世において自分の力で仏になろうとする道も同じ。可能性があっても、その道をつらぬけるのは、ほんのわずかなすぐれた能力と条件にめぐまれたエリートであろう。仏教はすべての人の救われる道を説いたもの。それなのに現実は特殊な例外者の道になってしまっているのではなかろうか。真言、法華というような、当時のもっとも難しい修行に挑戦していた人たちでも、かたわらに念仏の道をたずねる者が多かったといわれる。それは決して真言、法華の行者が怠け者で、念仏の方がやさしいと言って鞍替えしたわけではないのだ。かえって、真言、法華というような当時の仏道のエリートコースを歩んでいながら、念仏の道を学んだ人たちこそ、自分の人生に真剣にとりくみ、自分の生涯に責任を持とうとすればするほど、ほんとうにわが身のたすかる道を、恥も外聞も捨てて求めずにはいられなかったのではなかろうか。

その人たちにくらべて、はじめから念仏の教えに導かれてきたはずの者が、念仏の教えにめぐりあいながら、なお聖者の道、エリートの道にしがみつかざるをえない、煩悩にとらわれた姿こそ、唯円さまの眼には悲しくてたまらなかったのではなかろうか。

親鸞さまの教え、浄土真宗に生きる者のできる修行は、自分に与えられた日常生活しかない。その生活は、うわべは美しく飾っていても、その裏にはどす黒い欲と名誉心がうごめいている。だが阿弥陀の親心は、そんな私を決して見捨てることはない。念仏の人生は自分の力でさとりを開くのではなく、めざめた人の願いに育てられて生きるのである。

この世においてさとりを開く、と言えばだれにもよくわかる。あの世に生まれてさとりを開くといえば、ごまかされたような気がする。だから知識人の発想は、浄土往生もこの世のさとりだと決めつける。だが、この世でさとる、という事は、お釈迦さまと同じになる、という事にほかならない。仏陀釈尊《ぶつだしやくそん》は私たちの人生の先生である。したがってこの世でさとる、という事は、自分が人生の師となるという事ではないか。現代は可能性という事を疑わない時代なのであろうか。昔できなかった事が今ではできる。昔わからなかった事が今ではわかるようになった。だから人間の知識が進めば、今不可能に見えることもやがてはできるだろうし、今わかっていない事も、やがてわかるにちがいない。そういう可能性への絶対信頼を自分の生きるよりどころにするならば、「人生の教師になる」という事も別に不思議な事でも何でもないのであろう。だから

「お釈迦さまのようになれ」と言われると、努力しさえすればなれる、と思うのも無理がないのかもしれない。

しかし、人に教えるという事は、実際にはとても大変な事なのである。子どもにはお説教するが、自分はそのように生活していないなどという事はたくさんあるではないか。小学校の頃は先生は万能の神さまみたいな存在であった。先生が言ったんだからまちがいない、と親に喰《く》ってかかる子どもはたくさんいる。ところが、中学校、高等学校、大学というように進んで行くと、だんだん先生をばかにするようになってくる。教えている人の価値がさがってくる。先生も俺たちもたいして変わらないじゃないか、という事がよくわかるようになってくる。よく「私が教えたからあんな偉い者になった」とか、「あいつは私が育てた」という人がいるが、事実は自分の力など大海の水の一滴よりも小さいのではなかろうか。

浄土真宗は、あの世のさとり、を説く。さとりをひらいた者は、いくらいばっても、俺は偉いんだぞと言っても、何の障害にもならない。だが、この世は欲と名誉心でぬりかためられた人の生活する場所である。そんな場所で「私はさとりを開いた」などと言うと、虚栄心や自尊心がぞろぞろと後について行く。この世に生きているかぎり、私たちは、今自分がやっている事、話している事、考えている事が果たしてよい事なのかわるい事なのか、さっぱりわからないのではないか。だから自分の事はあとになってから「あんな事しなければよかった」、「あんな事言わなきゃよかった」、「あんな事考えなきゃよかった」と後悔するではないか。自分の事は何もわかっていないいくせに、知識が進めば何でもやがてわかるようになる、と思いこんでいる自分の姿が、念仏の教えを聞くと、きびしく浮きぼりにされてくる。言いかえれば、この世では、念仏の教えに導かれ育てられて、辛《かろ》うじて迷うことなく明るい生き生きとした人生を歩むことができるのだ。

だから親鸞さまは、この世では念仏の教えと一緒に明るく生きて行くがよい、本当のさとりは、欲望も名誉心も自尊心も虚栄心もなくなったあの世で完成するのだ、と教えられているのである。しかし、念仏に育てられて生きる者は、知らず知らずのうちに、あの世のさとりの世界に生きていることもまちがいないのだ。本人は、やがてあの世でさとりを開くと思っているけれども。

第十六章

（歎異抄・聖典六三七～六三八頁）

一、信心の行者《ぎょうじゃ》、自然《じねん》に、はらをもたて、あしざまなることをもおかし、同朋同侶《どうぼうどうりょ》にもあいて口論をもしては、かならず回心《えしん》すべしということ。この条、断悪修善《だんあくしゅぜん》のここちか。一向専修《いっこうせんじゅ》のひとにおいては、回心《えしん》ということ、ただひとたびあるべし。その回心は、日ごろ本願他力真宗をしらざるひと、弥陀《みだ》の智慧《ちえ》をたまわりて、日ごろのこころにては、往生かなうべからずとおもいて、もとのこころをひきかえて、本願をたのみまいらするをこそ、回心《えしん》とはもうしそうらえ。一切の事《じ》に、あしたゆうべに回心して、往生をとげそうろうべくは、ひとのいのちは、いずるいき、いるいきをまたずしておわることなれば、回心《えしん》もせず、柔和忍辱《にゅうわにんにく》のおもいにも住せざらんさきにいのちつきば、摂取不捨《せっしゅふしゃ》の誓願《せいがん》は、むなしくならせおわしますべきにや。くちには願力《がんりき》をたのみたてまつるといいて、こころには、さこそ悪人をたすけんという願《がん》、不思議にましますというとも、さすがよからんものをこそ、たすけたまわんずれとおもうほどに、願力をうたがい、他力《たりき》をたのみまいらすることろかけて、辺地《へんじ》の生《しょう》をうけんこと、もっともなげきおもいたまうべきことなり。信心さだまりなば、往生は、弥陀《みだ》に、はからわれまいらせてすることなれば、わがはからいなるべからず。わろからんにつけても、いよいよ願力をあおぎまいらせば、自然《じねん》のことわりにて、柔和忍辱《にゅうわにんにく》のこころもいでくべし。すべてよろずのことにつけて、往生には、かしこきおもいを具《ぐ》せずして、ただほれぼれと弥陀《みだ》の御恩の深重《じんじゅう》なること、つねはおもいいだしまいらすべし。しかれば念仏ももうされそうろう。これ自然《じねん》なり。わがはからわざるを、自然《じねん》ともうすなり。これすなわち他力にてまします。しかるを、自然《じねん》ということの別にあるように、われものしりがおにいうひとのそうろうよし、うけたまわる。あさましくそうろうなり。

意訳

（「念仏の教えに親しんでいる者は、軽はずみにも腹をたてたり、わるい事をしたり、念仏の仲間と言い争いをしたら、必ず心を入れかえなければならない」と説く人がいるが、これは自分の力でわるい事をやめ、よい人間になって救われようとでもいうのであろうか。阿弥陀の親心とめぐりあって、念仏の教えに育てられてきた者にとって、心を入れかえるという事があるとすれば、それは一生涯にたった一度だけである。その一度の心の入れかえというのは、まだ目さきの幸福追求に明け暮れて、阿弥陀の親心にささえられる人生を知らない人が、ご縁によってはじめてその親心にめぐりあったときに、今までの狭い欲望の眼《まなこ》では、明るい生き生きとした人生にめざめることは不可能だという事に気がつき、人生を自分の都合のよいように解釈するのをやめて、ひたすら念仏の教えに自分の人生を問うようになる事をいうのである。もしすべての事に、朝から晩まで心を入れかえて救われるとしたら、私たちのいのちは、吐く息が吸う息を待たずに終わってしまうのだから、心の入れかえもできず、どんな境遇にあっても、明るくなごやかに耐えて行ける心にならないうちにいのちがつきて、だめな人は一人もいないという阿弥陀の親心が、何の役にもたたなくなるではないか。口先では、「だめな人は一人もいないという親心をいただいて生きて行こう」と言うけれども、心の中は「だめな人ほど救いとげようという思いも及ばない親心がある、といっても、やはりよい事をする者の方が先にたすかるにちがいない」と思っているのではなかろうか。念仏にめぐりあっていながら、阿弥陀の親心のはたらきに背を向けて、自分の都合のよいように教えを解釈し、まだ大事な事がわかっていないのに何でもわかったような気がして、めざめた世界の一歩手前の場所にすわりこむことほど悲しい事はないであろう。阿弥陀の親心にひとたびめぐりあうならば、明るい生き生きとした人生は念仏の教えに育てられて体験していくのだから、自分の努力など何の役にもたたないのである。たとえ自分がどうしようもない人間だとわかっても、だめな人は一人もいない、という阿弥陀の親心にすべてをまかせて念仏の教えに導かれて行くならば、まちがいなく無理なく、どんな境遇にあっても明るくなごやかに耐えて行ける心も生まれるであろう。明るく生き生きとした人生を体験するには、何事においても、俺は偉いんだなどと誇れない欲望のかたまりだという事をわきまえて、ただすばらしい阿弥陀の親心の世界に眼を向けるがよかろう。自分がよくわかってくれば、念仏の教えに何の無理もなく育てられていくことができるであろう。これは自然の道理だからである。自分が勝手に解釈しないことを自然の道理というのである。これこそ阿弥陀の親心のはたらきなのだ、それなのに自然の道理というものを一つの理論のように考えて偉そうに説く人がいるようである。それはとても悲しいことである。)

俗物がよみがえる道

腹をたてるのは心の悪、わるい事をするのは身体の悪、言い争いをするのは言葉の悪、常識的に悪い事だと批判されるのはこの三つである。だからこの身口意《しんくい》の三業《さんごう》を清めて、正しい生活をして行こうというのが世の中の道徳にちがいない。そこでどうしても念仏の救いという事も同じように考えてしまう人が多い。回心《えしん》というのは宗教体験である。ところが「お念仏に親しんでいる人はよくできた人であり、仏教に疎遠な人は人間がよくできていない」というように思っている人にとっては、この回心が反省という意味と同じになってしまう。回心とは反省だと思う人は、世の中の人間を聖人《せいじん》と俗物《ぞくぶつ》に分ける。お寺の坊さんなどは本来、聖人《せいじん》でなければならないとみんな考えている。だから俗世間の、いわゆる一般の人と同じ事をやれば「坊主のくせに」とか、「あの生臭《なまぐさ》坊主め」とか「あれが仏道を歩む人の行いか」などといわれる。またいつも寺へ参り、仏さまを大事にし、念仏の教えに親しんでいる人が、けんかをしたり、うそをついたりすると、「あんな人があんな事をする」とか「人は見かけによらないものだ」などと非難される。だれの心の中にも「仏道を歩む者は、俗物であってはならない。聖人でなければならない」という意識がつらぬかれているようである。唯円さまは、「そういう先入観を捨てないと、念仏の教えがひびいて来ないぞ」と教えられているのである。

回心《えしん》は今までの自分のわるいところを反省し、よい子になる事ではない。回心は自分のすべてを投げだして阿弥陀の世界に向かう身となる事である。まわりの人がわるい事を考えたり、わるい事をしたりするのは、私たちの思いもおよばないその人にそなわる業《ごう》である。だれだって好んでわるい事をするわけではない。自分自身にもよくわかっていない、よくよくの理由があってそうしなければならないのであろう。わるい事など絶対にしないと思っていても、そういうご縁があれば、知らず知らずのうちに悪の方向に身を沈めてしまう人もいる。

仏法を聞けばわるい事はしなくなる、とか、念仏すれば、人が変わったようによい人になる、と思っている人は、一見、仏さまを信じているように見えるが、実際には「教えをきく、念仏する」という自分の努力を信じようとしているだけではないのか。自分の努力を誇りそれをたよりにするのは狭い自力《じりき》の世界、阿弥陀さまに手を合わせる世界では、自分の努力など大海の中の一滴の水にも及ばないもの。その証拠には、小さい時から自分を反省し、これから充実した生活にしようと何度決意したことか。だが、かけ声だけで実行が伴わないから年中後悔していなければならない。念仏の生活では、だれもいい顔をしないでよいのだ。腹のたつ時は思いっきり怒る。

泣きたい時には思いっきり泣く。聖人君子のような偉そうな格好はいらない。阿弥陀の心の中の生活はとても気楽だ。うそをついてもだませないし、何をしても人格を傷つけられるなどという事はないのだ。回心は一度だけ。念仏の教えに育てられる身になる。それで十分なのだ。偉そうな顔をしている人も、みじめな境遇をなげいていた人も、みな明るい人生にスタートする事ができる。

だれもが平等である、という事と、だれもが平等でなければならない、という事とはちがう。前者は事実であり、後者は理論である。平等という事は、どこかにいる人たちが同じになる、という事ではない。私が優越感や劣等感に束縛されない身となる、というのがほんとうの平等ではなかろうか。ところが困った事に、私たちは自分自身の事になると何もわからなくなる。「みんな平等でなければならぬ」とか、「差別をなくそう」などという人は多いが、自分の優越感、劣等感を問う者は少ない。阿弥陀さまの親心によって、どんな人でも救われる、という教えに共鳴して、その心を他人に説く身になっても、自分自身の骨身にしみこんでいる偏見の根っこは決してなくなっていない。だめな人は一人もいないというのは無条件の救いである。何かしなければ救われないとか、態度をあらためないと救われない、というのでは条件づきの救いになってしまう。「みんなが平等」という理想に賛成していても、ほんとうはみんな条件づきが好きなのである。まじめに教えを聞いてきた私は救われてあたりまえ、いいかげんにさぼったり、無関心だったり、念仏者を批判するような者は救われない、と思いたいのであろう。本来無条件の救いなのに、条件をつけて差別しようとする者は、ほかならぬ私自身なのだ。そういう条件づきにしてしまう人生の姿勢を、経典は辺地に生まれる人（浄土のすみっこ、仮の極楽往生）と名づけられているのである。

救いは自分が決める事ではない。すべて如来《にょらい》の親心によるといわれる。如来というものがどこかにいるのではない。あるものは私たちの日常生活しかない。眼に見えない如来という実体があって、それが私たちをあやつっているように考えると、それは如来ではなくて神さまになってしまう。如来はありのまま、自然《じねん》の世界である。自然の世界でないものは私たちが考えた世界である。私たちが考えた世界では、何をやっても行き詰まる。どちらを向いて歩いても必ずいやな事、困る事、思いがけない事ができて悩み苦しまなければならない。自然の世界には行き詰まりという事がない。どんな生活をしていても、ばかを見るという事もないし、つまらない人生だと思っていた人生が、生き生きとよみがえってくる。

念仏は、いつでも、どこでも、だれでもたずねていく事ができる。こんなつまらない事しかできない私のような者は救われないのではないか、というのは自分が勝手につくりあげた理論である。そんな事を少しも心配する必要はない。念仏には柔和忍辱《にゅうわにんにく》の心が与えられる。それは、今このままで救われるという事。自分で狭い壁をつくって自分を苦しめていた心が破られて、どんないやな事でも、困る事でも、そのまま私を育てる栄養として、生き生きとよみがえってくる。念仏してやがて救われるのではない。現在の私の生活がそのまま阿弥陀の親心のもとでの修行となる。その修行に条件はない。何をしていても念仏生活は底無しに明るいのだ。

第十七章

（歎異抄・聖典六三八頁）

一、辺地《へんじ》の往生をとぐるひと、ついには地獄《じごく》におつべしということ。この条、いずれの証文にみえそうろうぞや。学生《がくしょう》だつるひとのなかに、いいいだ《(言出)》さるることにてそうろうなるこそ、あさましくそうらえ。経論聖教《きょうろんしょうぎょう》をば、いかようにみなされてそうろうやらん。信心かけたる行者は、本願をうたがうによりて、辺地《へんじ》に生じて、うたがいのつみをつぐのいてのち、報土のさとりをひらくとこそ、うけたまわりそうらえ。信心の行者すくなきゆえに、化土《けど》におおくすすめいれられそうろうを、ついにむなしくなるべしとそうろうなるこそ、如来《にょらい》に虚妄《こもう》をもうしつけまいらせられそうろうなれ。

意訳

(明るい生き生きとした阿弥陀の世界の一歩手前の仮の世界にとどまる者は、最後には地獄行きの人生だと説く者がいる。これは一体どの経典を根拠にして発言しているのだろうか。しかもこのような意見が、名の通《とお》った偉い学者のなかで言いだされているのは、ほんとうに悲しい事である。経典やその解釈書をどのように読んでおられるのだろうか。念仏の教えとご縁を結んでいても、阿弥陀の親心がまだ胸にひびいてこない人は、どうしても自分の都合のよいように親心を解釈してしまうので、仮の極楽世界にまずとどまり、そこで念仏の教えに育てられて、自分の狭い物の見方がめざめていくうえでの最大の障害であることを自覚した時、阿弥陀の親心に導かれてほんとうの明るい生き生きとした人生を体験することができる、と私は承《うけたまわ》ってきている。目さきの幸せに惑わされている者は、なかなか阿弥陀の親心がわからないから、無理なく明るい人生にたどりつけるように、ひとまずだれでも踏みこむことができる一歩手前の世界を勧められているのである。それなのに仮の極楽に生まれる者は、空《むな》しい生涯に終わるなどと言うのは、お釈迦さまが大うそつきだと決めつけるようなものである。)

無関心でも救われる

世の中は、無関心、無責任な人で充ち充ちている、とみんなが言う。国民は政治に無関心で困る、と選挙など行われると必ず政治への意識の低さという事がやり玉にあげられる。交通安全の仕事をする人は、ドライバーや歩行者が、法律を守ろうという意識が低いと歎《なげ》き、学校の先生は、親の教育に対する意識が低いと訴える。地域の活動、サークル活動、何をとっても、その責任者となった者はその仲間たちの無関心、意識の低さを歎いているのではないか。

仏法を広めようとする人も同じである。どんなに教えを説こうと、どんなに現代人の精神の貧困を訴え、教えに耳を傾けよと叫んでも、無関心組は一向になくならない。そういう時、だれでも考える事は、そんな無関心な意識の低いような奴はだめな人だ、救いようのない種族なんだ、という非難であろう。たしかに自分がみんなのためと思って献身的努力をしているのに、笛吹けどおどらずという言葉のように、みんながそっぽを向いていたならば、その意識の低さに失望し、その姿勢を非難するのは当然の事なのであろう。だが唯円さまは、そういう意識の低い者はだめだという非難に対し、「何をよりどころにしてそんな事を断言できるのか」と開き直って問いかえしているのである。

仏法に背を向け、狭い自分の世界にとじこもる者は、浄土の遠い片すみ、辺地《へんじ》に往生する、と説かれる。辺地は、自分が勝手に解釈してこれが極楽浄土だと思いこんでいる世界であり、そこで念仏の教えに育てられて自分のほんとうの姿を知り、明るい人生に踏みだして行く仮にとどまる場所なのである。阿弥陀の親心は、だめな人は一人もないという無条件の救いである。仏法を信じれば救われる、信じなければだめだ、などという条件つきではない。仏法を信じないような暗い心の持ち主こそ救わずにはおかないという底無しの慈悲心なのである。その心だけが、殺伐とした、かわききった人の心を動かし、人の世にほんとうのうるおいをもたらすのではなかろうか。

世の中の無関心を責める立場は、筋の通った正義の立場である。責められる方の立場はいつも弱い。意識が低く、無関心なのはまちがいないのだから、理屈をたてて言いわけすることはできても大きな顔はできない。うしろめたさが残るからである。「ごもっともでございます」と頭をさげているよりしかたがない。だが不思議なことがある。なぜだれも文句が言えないほど筋が通っているのに、それを実行しようとしないのか、他の意識の低さを責める側の者には、その事がよくわからないようである。

人の心を動かして行くものは、正義感でもないし、筋の通った理論でもなければ、巧みな話術でも脅迫的な説教でもない。私たちは自分が責任者となって仕事をする時には、他人の無関心、無責任を責めたくなる。だが自分がその立場を離れると、一転して自分が無関心、無責任なのではなかろうか。みんな他人に強制されたり、しばられたりするのは嫌いなのである。

世の指導者は自分が先に立って他をひっぱって行こうとする。そこには自分について来る者を是とし、自分について来ない者を非とする差別意識がうごめいていないだろうか。その差別意識があるために、人々の共感を失うのではなかろうか。阿弥陀の親心には「おれについて来い」などというぬぼれはない。「私はわかっているが、おまえは意識が低い」と高慢になるのではなく、みんなのうしろから、「私たちには真実心はない。みんなで真実の世界に眼を開こうではないか」と、一人も捨てることなく共に歩まれるのである。親鸞さまは次のように告白されている。

是非しらず邪正《じゃしょう》もわかぬ
このみなり
小慈小悲もなけれども

『自然法爾和讃《じねんほうにわさん》』

名利《みょうり》に人師《にんし》をこのむなり

（どんな人がよい人か、どんな人がだめなのか、何が正しくて何がまちがっているのか、そんな事はほんとうは何もわかっていないし、自分の事は捨てておいてみんなにつくす心など少しもないくせに、人の上に立って、あの人は私についてくるからよろしい、あいつは意識が低いからだめだ、と偉そうな顔をしたがる私がいる。）

念仏の教えに育てられて行く喜びは、自己過信しないですむことではなかろうか。阿弥陀の親心と共に歩むとき、私がどんな情けない人間であっても、明るい生き生きとした人生に導かれて行く。こんな不思議な事がまたとあるだろうか。

第十八章

（歎異抄・聖典六三八〜六三九頁）

一、仏法のかたに、施入物《せにゅうもつ》の多少にしたがいて、大小仏になるべしということ。この条、不可説なり、不可説なり。比興《ひきょう》のことなり。まず仏に大小の分量をさだめんことあるべからずそうろうや。かの安《あん》養浄土《にょうじょうど》の教主《きょうしゅ》の御身量《ごしんりょう》をとかれてそうろうも、それは方便報身《ほうべんほうじん》のかたちなり、法性《ほっしょう》のさとりをひらいて、長短方円《ちょうたんほうえん》のかたちにもあらず、青黄赤白黒《しょうおうしゃくびゃくこく》のいろをもはなれなば、なにをもってか大小をさだむべきや。念仏もうすに化仏《けぶつ》をみたてまつるということのそうろうなるこそ、「大念には大仏をみ、小念に小仏をみる」（大集経意）

といえるが、もしこのことわりなんどにばし、ひきかけられそうろうやらん。かつはまた檀波羅蜜《だんはらみつ》の行《ぎょう》ともいいつべし。いかにたからものを仏前にもなげ、師匠《ししょう》にもほどこすとも、信心かけなば、その詮《せん》なし。一紙半銭《いっしはんせん》も、仏法のかたにいれずとも、他力にこころをなげて信心ふかくは、それこそ願の本意にてそうらわめ。すべて仏法にことをよせて、世間の欲心もあるゆえに、同朋《どうぼう》をいいおどさるるにや。

意訳

（仏教の道場や寺院にたくさん寄付をすれば、大きな仏さまになり、額が少ないと小さな仏さまになると説く者がある。これはとんでもない事である。全く根拠のない事である。まず、めざめた人に大きいとか小さいなどという事が問題になるはずがないではないか。明るい生き生きとした人生の主人公、阿弥陀さまの身体の大きさが『観無量寿経』に説かれているが、それはあくまでも、だめな人は一人もいない、という阿弥陀の親心に気づかせるために、だれにでもよくわかるかたちに表現されているだけである。ひとたび明るい人生を歩む身となれば、能力や境遇がどちらがよいとかわるいとか言うかたちも問題にならないし、どちらが見かけがかっこうよいかというような色のちがいもかかわりのないことになるから、何をもってめざめて行く者の大小など決めようとするのか。念仏の教えに育てられる者は、その人によってその人が受けとめやすい阿弥陀さまの姿を見る、という事を「大声で念仏すれば大きな仏さまを見、小声で念仏すれば小さな仏さまを見る」と説かれたのであろうか。そのような道理を自分の都合のよいように解釈して、寄付の多いものは大きな仏さまに、少ない者は小さな仏さまになどと言うのかもしれない。しかも、その時に、これは仏道を歩む人の必須条件である布施《ふせ》の修行だから必ず行わなければならない、と説いているようである。だが布施の行は特別な能力をもって難しい仏道に挑戦していく偉い人の行為である。私たちのような者が、どんなに金品を仏前に投げ、師にさしあげても、かんじんの阿弥陀の親心とめぐりあうことがなければ、自分がよい事をしたと思う自尊心を満足するだけであろう。一枚の紙、ほんのわずかなお金もあげる事のできないような人でも、念仏の教えに育てられて明るい人生を踏みだすならば、それこそ阿弥陀の親心に喜ばれる人となるであろう。すべて仏法を利用して、世俗の欲望を満足させようとするから、同じ念仏の教えに生きる仲間を惑《まど》わせるような事になるのである。)

欲か信か

お寺にたくさん寄付をすれば、よいところへ行けるが、少なければ一段落ちるところへしか行けない。そんなばかばかしい事が、私たちの日常生活の中に、あたりまえのようにまかり通っていないだろうか。

立派なお墓をつくる。盛大に葬儀を行う。なぜそんな事をするのか。自分でもわかっていないのではないか。お金をたくさん出した者が救われるというのならば、貧乏人に救いはない。お墓をつくり盛大な法事をする人が救われるというのならば、それができない者は救われない。地獄の沙汰も金次第、そういう事がまかり通っている生活感覚が問われなければならない。インドの伝説にある、大金持ちの寄付した万燈が消え去っても、貧しいおばあさんがやっとの思いで捧《ささ》げた一燈が赤々と輝いていた、という事が何を意味しているのか深く考えてみたいものである。

お葬式があると、亡くなった人に院号《いんごう》とか庵号《あんごう》とかいう上等の?法名《ほうみょう》をつけてくれ、と願う人がいる。妙な事を考える人だと思うのだが、ご本人は真剣である。長い法名がついていないと、ばかにされたような気持ちになるらしい。真宗門徒の法名は、本来「釈《しゃく》〇〇」の三字で十分なのである。釈はお釈迦さまの釈。つまりお釈迦さまの大きな心の世界に仲間入りした人の名である。男性は「釈〇〇」、女性は「釈尼《に》〇〇」それで十分ではないか。真宗の法名は、親鸞さまと同じに念仏の教えに育てられながら生活する身にさせていただいたしるしである。だから生きている人が、いただく名にちがいないのであろう。ところが名まえだけの真宗門徒がふえるにつれて、当然生きているうちに法名をいただく人は少なくなってしまった。だから今日では、法名と言えば、お葬式の時の位牌に記す死者の名だと思っている人が多いのではなかろうか。真宗の教えは、死人のための教えではなく、私のための教えだ、という事をはっきりさせておくことが大事である。

それでは、院号とか庵号とかいう名は何だろうか。表面的はは聞法《もんぼう》道場であるお寺の維持経営に功績のあった人に贈られる称号なのであろう。だが院号や庵号に値いする人は、決してお金をたくさんあげた人ではないのだ。どんなにお金を積んでも、念仏の教えに親しんできた人でなかったら、それは名誉心や虚栄心を満足させる肩書にすぎなくなる。

最近、院号や庵号を亡くなった人に、と願う人がふえてきた。だがその願いが、お金で法名を買うという意識があったらそんなに悲しいことはない。阿弥陀の親心にめぐりあって、うるおいのある生き生きとした念仏の生活を体験することができた先人たちが、そのすばらしい体験を後の世のみんなのものにしようと、聞法の道場であるお寺を整備し、いつでもだれでも充実した精神生活を送れるようにと、ソロバン抜きで寺のために、みんなのためにご苦労された、その功績にささげられたのが、真の院号法名であり庵号法名であったのだ。もう死人のための宗教から脱皮して、親鸞さまの精神をもう一度自分のうえに確認しようではないか。先祖を大事にするという口実のもとに、自分のあさましい自尊心・虚栄心を満足させるのはやめようではないか。ほんとうの祖先の供養とは、自分が明るい生き生きとした人生にめざめる事なのだから。

後序

（歎異抄・聖典六三九～六四二頁）

右条々はみなもって信心のことなるよりおこりそうろうか。故聖《こしょう》人《にん》の御ものがたりに、法然聖人《ほうねんしょうにん》の御とき、御弟子《おんでし》そのかずおおかりけるなかに、おなじく御信心のひとも、すくなくおわしけるにこそ、親鸞《しんらん》、御同朋《どうぼう》の御なかにして、御相論《ごそうろん》のことそうらいけり。そのゆえは、「善信が信心も、聖人《しょうにん》の御信心《ごしんじん》もひとつなり」とおおせのそうらいければ、勢観房《せいかんぼう》、念仏房《ねんぶつぼう》なんどもうす御同朋《どうぼう》達、もってのほかにあらそいたまいて、「いかでか聖人の御信心に善信房《ぜんしんぼう》の信心、ひとつにはあるべきぞ」とそうらいければ、「聖人の御《おん》智《ち》慧《え》才覚《さいかく》ひろくおわしますに、一《ひとつ》ならんともうさばこそ、ひがごとならめ。往《おう》生《じょう》の信心においては、まったくことなることなし、ただひとつなり」と御返答ありけれども、なお、「いかでかその義あらん」という疑難《ぎなん》ありければ、詮《せん》ずるところ聖人《しょうにん》の御まえにて、自他の是非をさだむべきにて、この子細をもうしあげければ、法然聖人のおおせには、「源空《げんくう》が信心も、如来《にょらい》よりたまわりたる信心なり。善信房《ぜんしんぼう》の信心も如来よりたまわらせたまいたる信心なり。されば、ただひとつなり。別の信心にておわしまさんひとは、源空がまいらんずる浄土《じょうど》へは、よもまいらせたまいそうらわじ」とおおせそうらいしかば、当時の一向専修《いっこうせんじゅ》のひとびとのなかにも、親鸞《しんらん》の御信心にひとつならぬ御《おん》こともそうろうらんとおぼえそうろう。いずれもいずれもくりごとにてそうらえども、かきつけそうろうなり。

意訳

（以上述べてきたさまざまなまちがいは、どれも親鸞さまの教えを自分の都合のよいように解釈するところから生まれてきたものではなかろうか。今は亡き親鸞さまからこんなお話を耳にした事がある。法然さまがまだお元気な頃、大勢のお弟子の中に法然さまと同じ心境で生活している人は少なかったので、親鸞さまは、念仏の仲間たちと、その事について議論した事があったという。親鸞さまが、「私、善信がいただいている信心と、法然さまの信心は全く同じものだ」と主張した時、仲間の勢観房さま、念仏房さまたちはそれに反対して、「どうしてあの偉い法然さまの心境と、おまえの信心が一つだなどといえようか」と言ったので、「もし法然さまと私の能力が同じだとでもいうのならば、とてもおそれ多いことだが、念仏の信心は阿弥陀の親心をいただいて明るい人生に向かうのだから変わりないはずだ」と反論された。だがそれでもみんなが納得しなかったので、結局、法然さまの前ではっきりさせようという事になり、法然さまにその事を申しあげると、「私、源空の信心も阿弥陀の親心からひらかれたもの、善信の信心も阿弥陀の親心からおこされたもの、だから違いがあるはずがないではないか。もし別の心境だという事になると、私が参ろうとしている明るい世界へはあなた方は行けないという事になりはしないか」と法然さまは教えられたという。このことから考えると、近頃の念仏の教えを学ぶ者の中にも、親鸞さまの進まれた明るい方向に背を向けている人もかなりおられるのではないかと思われる。今まで述べてきた事は、みな老人の繰《く》り言《ごと》だと思ってくだされればよいが、とにかくここに書きとめてみたのである。)

同じ道を行く

この論争のことは親鸞さまの伝記の『御伝鈔《ごでんしょう》』にも同じようにえがかれている。念仏の教えを学んで行く者として忘れてはならない事だという意味がこめられているのである。

常識的に「信心」というと、神さまを信じる、仏さまを信じる、という事だ、ですまされている。例えば、毎年元旦に早起きしてお宮参りをする人を信心深い人だという。あるいは全国のお寺をめぐりめぐってお参りして歩く人も信心深い人だと思われている。そういう事から、信心深い人と信心浅い人が区別されているのではないか。法然さまは卓越した才能を持ち長い間修行されたのだから信心のあつい人、親鸞さまはまだ若輩だから信心は浅い、と他のお弟子たちは考えたにちがいない。それが常識だからである。

この世に流行する宗教は、みんなこの常識の上に立てられている。だからきまって「信心せよ」という。今はやりの宗教の指導者はみな才能があり、経典をよみ理解し、偉い人になって、愚かな者にむち打って、信心できるように努力せよ、と勧めるのであろう。「私は救われないがどういうわけか」などと言おうものなら、「おまえはまだ信心が浅いからだ。もっと努力して信心を深めれば救われるぞ」という答えが戻ってくる。だがそういう信仰ならば、理屈はどんなに筋が通っていても、やはりエリートの宗教、修行して偉くなった人だけが救われる宗教になってしまう。

親鸞さまの教えには「がんばれ」とか「俺について来い」というような勇ましさはない。修行しようとすればできるかもしれない。学問しようとすれば、どんな経典でも理解し、学者になれるかもしれない。だがどんなに修行しても学問しても、やはり息子が言うことをきかないと腹がたつし、嫁が自分勝手なことをしているとムカムカしてくる。どんなに修養したとて、自分の利害がからんでくれば職場や近所づきあいでも、憎み合い、傷つけ合わなければならない。あの人はさすがによくできた人だといわれている人も、実は、それを顔にださず、じっとがまんしているだけではないか。本質はみな煩悩具足《ぼんのうぐそく》の凡夫なのである。阿弥陀の親心は、修行も学問も何の役にもたたぬ私たちの姿をあきらかにし、そのままでよいから念仏の教えをたずねよ、と勧められるのである。その親心に「はい」と応ずるほかに「信心」はないのだ。

蓮如さまは次のように教えられている。

信心《しんじん》というはいかようなることぞといえば、なにのわずらいもなく、弥陀如来を一心にたのみたてまつりて、その余《よ》の仏菩薩《ぶつぼさつ》等にもこころをかけずして、一向《いっこう》にふたごころなく弥陀を信ずるばかりなり。これをもって信心決定《けつじょう》とはもうすものなり。信心といえる二字《にじ》をばまことのこころとよめるなり。まことのこころというは、行者《ぎょうじゃ》のわろき自力《じりき》のこころにてはたすからず、如来の他力《たりき》のよきこころにてたすかるがゆえに、まことのこころとはもうすなり。

『御　文』

(信心とはどういう事かといえば、めんどうな事は何もいらない。ただ、だめな人は一人もいない、という阿弥陀如来に自分のすべてをまかせて、偉い人たちが勧めるさまざまなめざめた人や高僧たちの説に惑わされることなく、ただ一筋に阿弥陀の親心のこめられた念仏の教えに育てられて行くだけである。それを信心をいただいた人と言うのである。信心という言葉は、まことのこころと読む。まことのこころというのは、道を求めようとする人が、自分の欲望の眼《まなこ》で何かを信じようとするのでは明るい人生にめざめる事はできない。自分のすべてを阿弥陀の親心にまかせてはじめて生き生きとした人生が体験できるから、まことのこころと呼ぶのである。）

自分の欲望の眼（自力《じりき》）を捨てる、というのだから、阿弥陀如来をたのむ、という事は何もあてにしない、という事にちがいない。真宗の仏壇は阿弥陀如来を礼拝するところ。阿弥陀如来を拝むということは、言いかえれば、何ものもあてにする必要もないし、何ものにも祈ったり願ったりする必要のない明るい心の人生を歩むことにほかならない。念仏の生活は、阿弥陀の親心と共に歩む故に、ごまかしのない精神生活となるのである。

露命《ろめい》わずかに枯草《こそう》の身《み》にかかりてそうろうほどにこそ、あいともなわしめたまうひとびとの御不審《ごふしん》をもうけたまわり、聖人のおおせのそうらいしおもむきをも、もうしきかせまいらせそうらえども、閉眼《へいがん》ののちは、さこそしどけなきことどもにてそうらわんずらめと、なげき存《ぞん》じそうらいて、かくのごとくの義ども、おおせられあいそうろうひとびとにも、いいまよわされなんどせらるることのそうらわんときは、故聖人《こしようにん》の御《おん》こころにあいかないて御もちいそうろう御聖教《おんしようぎよう》どもを、よくよく御らんそうろうべし。おおよそ聖教《しようぎよう》には、真実権仮《しんじつごんけ》ともにあいまじわりそうろうなり。権をすてて実をとり、仮をさしおきて真をもちいるこそ、聖人《しようにん》の御本意にてそうらえ。かまえてかまえて聖教《しようぎよう》をみみだらせたまうまじくそうろう。大切の証文ども、少々ぬきいでまいらせそうろうて、目やすにして、この書にそえまいらせてそうろうなり。

意訳

（もう私は朝露のような残り少ない命、枯草のような老人になってしまったが、それでも命のあるうちは、同じ道を歩む人々の疑問を承り、親鸞さまから直接聞かせていただいた教えをお話しすることもできようが、命終《みようじゆう》の後は、きっとさまざまなまちがった説が氾濫《はんらん》するのではないかと心配してここに要点を記しておいたが、そのようなまちがった説に押されて言い負《ま》かされそうになった時には是非《ぜひ》、親鸞さまが日頃親しんでおられた聖教《しょうぎょう》をよくよく見られるがよかろう。だが教えと呼ばれているものは、そのまま受けとめてよい真実なるものと、その教えを手がかりにして真実をあきらかにしようとする方便の教えがまじり合っている。方便を見分けて真実をはっきりさせ、仮の教えに惑わされることなくまことの道を歩むことこそ親鸞さまの願いにかなうものであろう。十分に注意して、真実と方便を見まちがえることのないよう気をつけようではないか。そういうまちがいのないように、大事な教えをいくつか抜きだして、自分の人生を歩むともしびとしてこの書にそえておくことにしたのである。)

真実が感化する

対話、話し合いという事は、ほんとうにむつかしい。みんな問われている自分の姿勢に目を向けることなく、自分の都合のよいように物事を解釈するからである。だから、「そんなつもりで言ったのではないのに」とか、「あんなにかんで含めるように説明したのにどうしてわかってくれないのだろうか」という歎《なげ》きは絶えない。日常生活の対話ですら、すれ違い、くいちがい、断絶がくりかえされるのだから、ましてや私たちの日常生活そのものが問われている宗教の世界の対話ということになると、事態はさらに深刻、複雑なものとなる。親鸞さまの教えを一生涯、直接に聞き続け、お念仏の生活になりきったような、老境の唯円さまの一語一句でさえ、誤解され疑いの眼を向けられ、素直に受けとめてもらえなかったのではなかろうか。

蓮如さまは次のように教えられている。

仏法者《ぶつぽうしや》は、法の威力《いりき》にて、なるなり。威力《いりき》でなくは、なるべからず……されば、仏法をば、学匠《がくしよう》・物しりは、云《い》いたてず。ただ、一文不知《いちもんふち》の身も、信ある人は、仏智《ぶつち》を加えらるる故に、仏力《ぶつりき》にて候うあいだ、人が信をとるなり。此《こ》の故に、聖教《しようぎよう》よみとて、しかも、我は、と、思わん人の、仏法を云《い》いたてたること、なし……ただ、なにしらねども、信心定得《じようとく》の人は、仏《ぶつ》よりいわせらるるあいだ、人が信をとる。

『蓮如上人御一代記聞書』

（明るい生き生きとした人生は、阿弥陀の親心のはたらきから生まれる。そのはたらきでなければ明るくなるはずがない。……だから、人の心にひびく教えは、学者やすぐれた知識人が語れるはずがないのだ。文字一つ読めないような名もなき人であっても、阿弥陀の親心にめぐりあうならば、その人の生活はめざめた人の生活と同じだから、ご本人は気がついていないけれども、まわりの人はその感化を受けて念仏の教えに親しむようになる。だから仏教について何でも知っているような学者が、人に仏教を教えようとしても、まわりの人は感化されはしない。……自分では人に教えようなどと思わなくても、阿弥陀の親心の中に生きる者はめざめた人と同じだから、その人の意思とは無関係に感化を受け、生き生きとした明るい人生を歩むようになる。）

私があの人を感化してやろうと考えるならば、相手を感化する事はできない。たとえ生《は》え抜きの念仏者、唯円さまであっても、自分が人を何とかしようと思うとどうにもならないのだ。この事は、妙好人《みょうこうにん》（念仏者の典型）と呼ばれるようになった因幡《いなば》の源左《げんざ》さんの語録からもはっきりと教えられる。

源左、「御院家《ごいんげ》(旦那寺のご院主《いんじゅ》、住職)さん、説教に出なはっても、おらが説教が上手だと思ってつかはんすなよ、おらがえゝ《よい》ちゅう説教をしなさんすなよ、ありのまんまを云ってつかんせえ、えゝ《よい》と悪《わり》いとは聞く人がよう知っとりますけんのう」

柳宗悦・衣笠一省編『因幡の源左』

真宗には教える人はいないのだ。だが教えなくても聞いて感化を受ける人は多い。その感化は、説く人が思いもかけなかった事から受けていくのである。だから唯円さまが自分の思い通りに人が受けとめてくれない、と歎《なげ》いても、何百年後の私たちには唯円さまの思いもしなかったであろうかたちで『歎異抄』が語りかけてきているのだ。これはまことに不思議な事実といわなければならない。

唯円さまもその事はよくわかっておられたようだ。「私の話がわからない人は、親鸞さまが親しまれた聖教を直接ひもといてくれ」と願われている。ところがいざ仏典を読んでもわからないのだ。それは文法がむつかしいとか、言葉が難解だというのではない。あらゆる経典には、真実と方便の教えが入り乱れているといわれる。真実は直接に私の胸にひびくから、疑いのさしはさむ余地はない。だが目さきの幸せにふりまわされている私たちには、真実が足もとにころがっていても気がつかないのではなかろうか。そこでお釈迦さまの教えには権《ごん》の教え、仮《け》の教えが登場してくる。権《ごん》というのは仮の位、つまりそれを学ばなければ、ほんものに出会うことができない、という事。学問に王道なし、といわれる。どんな事でも楽をしながら達成できると思ったら大まちがい。つらくても都合がわるくても、じっと耐えて自分をきたえていくうちに、一度も考えてもみなかった世界が開かれてくる。だから、その前の段階であきらめたり、つまらないものだ、と軽蔑してやめてしまったら何にもならない。権《ごん》の教えに惑わされて途中で引きかえしてはならないのである。一方仮《け》の教えというのは、仮の姿。大事なことをあらわそうとしているのだが、表面だけ見ていてもさっぱりわからない。たとえば「西の方に極楽があるぞ」と説かれていると、「そうか、それでは西の方へ飛行機に乗ってどんどん行けば、地球を一まわりしてまた元の所へ戻ってしまうじゃないか」と、せせら笑う人がいる。その人は経典の仮の教えにとらわれて真実を体験することができない。仮の教えを文字通り解釈する者には、めざめた人の心はひびいてこない。自分でつくった理屈の世界から一歩も外にでられないからである。

唯円さまの歎《なげ》きは、仏教を学んで行くうちにいつのまにか自分は何もかもわかっているようなつもりになって、聴聞《ちょうもん》を怠るようになることであった。油断をすると、すぐに権《ごん》の教え、仮《け》の教えにとらわれて、かんじんの真実を見失う。これは唯円さまの時代のことではない。わかったようなつもりになって偉そうな事を書き記している私に対するきびしい警告だったのである。

聖人のつねのおおせには、「弥陀《みだ》の五劫思惟《ごこうしゆい》の願《がん》をよくよく案《あん》ずれば、ひとえに親鸞一人《しんらんいちにん》がためなりけり。されば、そくばくの業《ごう》をもちける身《み》にてありけるを、たすけんとおぼしめしたちける本願《ほんがん》のかたじけなさよ」と御述懐《ごじゅっかい》そうらいしことを、いままた案ずるに、善導《ぜんどう》の、「自身《じしん》はこれ現に罪悪生死《ざいあくしょうじ》の凡夫《ぼんぶ》、曠劫《こうごう》よりこのかた、つねにしずみ、つねに流転して、出離の縁あることなき身《み》としれ」(散善義)という金言に、すこしもたがわせおわしまさず。されば、かたじけなく、わが御身《おんみ》にひきかけて、われらが、身の罪悪のふかきほどをもしらず、如来《にょらい》の御恩のたかきことをもしらずしてまよえるを、おもいしらせんがためにてそうらいけり。まことに如来の御恩ということをばさたなくして、われもひとも、よしあしということをのみもうしあえり。聖人《しょうにん》のおおせには、「善悪《ぜんあく》のふたつ総《そう》じてもって存知《ぞんじ》せざるなり。そのゆえは、如来《にょらい》の御《おん》こころによしとおぼしめすほどにしりとおしたらばこそ、よきをしりたるにてもあらめ、如来《にょらい》のあしとおぼしめすほどにしりとおしたらばこそ、あしさをしりたるにてもあらめど、煩悩具足《ぼんのうぐそく》の凡夫《ぼんぶ》、火宅無常《かたくむじょう》の世界は、よろずのこと、みなもって、そらごとたわごと、まことあることなきに、ただ念仏のみぞまことにておわします」とこそおおせはそうらいしか。

意訳

（親鸞さまはいつも「だめな人など一人もいないのだぞ、という阿弥陀のはかりしれない深い親心にめざめたら、おまえのような者こそたすけずにはおかぬ、と呼びかけられていた迷い子は、ほかならぬ親鸞一人のことだったのである。今になってみれば、いつも偉そうな顔をして自分の力でさとりをひらくことができるなどと思いあがっていた私を、よくもまあ見捨てることなくここまで導いてくださった親心には、ただただ頭がさがるだけである」と告白なさっていたが、よくよく考えてみると、昔、善導大師が「阿弥陀の親心にめぐりあってみると、私のような者はどんなに努力したとて、あさましい欲望の眼でしか自分の人生を考えるよりほかない愚か者にすぎなかった。どんなにいのちがけで心をみがき、教養を身につけても、悲しい事には、見せかけの幸福に心がうばわれ、こんな事ではいけないとわかっていても、いつのまにか欲にひきずられ、虚栄心にふりまわされて、迷いの人生に沈み流されているではないか。どうもがいたところで、こんな私は、真っ暗な未来へ向かうより道がないことを、身にしみて知らされたのである」という告白と全く同じ心ではないか。今、静かに考えてみれば、まことに頭のさがる思いであるが、「おまえに教えてやろう」などという偉そうな顔をなさらずに、ご自分のありのままのお気持ちを語られて、目さきの欲望にふりまわされているくせに偉そうな顔をしている私たちの迷いの姿をきびしく教えてくださったにちがいない。ほんとうに、阿弥陀の親心にめぐりあえなければ、どうにもならない私であることを忘れて、私もまわりの人たちも、これが正しい、あれはまちがっていると、偉そうな顔をしているのではないか。親鸞さまは「私の人生で何がよいことなのか、わるいことなのか私にはよくわからないのだ。なぜならば、めざめた人の眼でこれはよい事だと判断するのと同じ事を私ができるのならば、私は、何がよい事かわかっていると言う事もできよう。また、めざめた人の眼と同じに、あれはわるい事だと判断する能力が私にあるならば、私は何がわるい事かわかっていると言う事もできようが、私のような欲望の眼《まなこ》から離れることができない愚か者は、しかもいつ何どき、どういう事が起こるかわからないような背中に火のついたような世の中では、私が考えること、やる事、みなすべていつわりではないのか。どうでもよい事ではないのか。何一つ心から感激する生活などどこにもないではないか。だからこそ、ただ阿弥陀の親心にすべてをまかせて、念仏の教えに育てられていくしか私の道はないのだ」と、教えてくださった。)

私一人のために

日本人はエコノミックアニマルだなどと非難される。日本の海外援助は、名目は援助と言うが、その実はちゃんとソロバンがはじかれていると批判される。海外諸国を食いものにする大企業、大商社がいつもやり玉にあげられる。日本のトップの頭脳が、ソロバン勘定に集中しているのではないか。だから「仏教など聞いて何になる」「念仏などしたって何のもうけにもならないじゃないか」という人は、時代の最先端を行く偉い人のように見える。発想が画一化されているからである。

親鸞さまは、私一人のための念仏の教えだと受けとめられた。この事はとても大切なこと。念仏は救われた人間を大量生産する機械ではないのだ。人をよみがえらせる公式や理論でもないのである。顔が醜いと思っている人は、顔の事が問題になると真剣になる。人に言えない身体の悩みを持つ人は、それを解決する法があると聞けば、人一倍の関心を持つであろう。つまり自分自身に危機意識がない者には、お念仏も蛙の鳴き声と同じなのである。くりかえすことのない、たった一度の人生を、どうでもよい事にとらわれて、むなしく過ごしている自分の姿に、ひとたび気がついた者にとっては、念仏すればもうかるか損するか、などという閑人《ひまじん》の議論にかかわりあっている余裕などない。私の一生は自分で何とかしなければならないからだ。みんな一人で生まれ、一人で死んで行かなければならない存在なのに、自分のまわりを見まわして、みんな同じ事をやっていると安心してはいないだろうか。例えてみれば、となりの人は九州へ、私は北海道へ旅立って行くのだ。それなのにいつまでもみんな一緒に生活して行くようなつもりになって、自分の列車が発車しようとしているのに、まだあいつがいるから大丈夫だと言ってホームにがんばっているようなものである。そういう幻のにぎやかさにまぎれている者にとっては、阿弥陀さまの願いなど余計なお世話だ、ということなのであろう。

学校へ行っても勉強がきらいな生徒がたくさんいる。学校がわれ一人のためにある、という事が実感としてわかっていないからであろう。仕事がおもしろくない人、嫁が気にくわないおばぁさん、何で私だけこんなひどい目に会わなければならないのか、と世を怨《うら》み人を呪《のろ》う人、みんなその現実がまちがいない私一人のための人生だ、という事を忘れているのではなかろうか。

親鸞さまは、

仏法力《よつほうりき》の不思議には
諸邪業繋《しよじやごうけ》さわらねば
弥陀《みだ》の本弘誓願《ほんぐぜいがん》を
増上縁《ぞうじようえん》となづけたり

『高僧和讃』

(念仏の教えに育てられる身となるならば、思いがけないことであるが、この世の中のいちばん都合のわるい現実が、明るい生き生きとした人生のかけがえのない素材となるから、阿弥陀の親心を、明るい人生になくてはならないすばらしいご縁と名づけるのである。)

と、教えられている。親鸞さまも、どん底から念仏の教えに導かれて起《た》ちあがったのだ。それなのに、知識や教養が邪魔になって、念仏の教えに背を向けて、みずから苦しんでいる者が何と多いことか。

「世の中とはこういうものだ」「人間はこのように生きるべきである」……学校の先生は教壇の上から教え、高僧たちが救い主であるかのように語り、学者、文化人たちはマスコミを利用して世の人々を啓蒙する。だが実際には何もわかっていないのではなかろうか。金持ちも貧乏人も、知識人も学のない人も、権力者も庶民も、一刻一刻、死の暗闇に向かって絶え間ない歩みを続けている。喜びも悲しみも夢まぼろしの人生の一こまに執《とら》われているにすぎないのではないか。

善導大師にとって、阿弥陀の親心との出会い、信心《しんじん》とは、「私は偉くないのだ。みんなと同じうそいつわりの人生に流されているだけなのだ」という自覚だったのだ。親鸞さまの信心も同じ、「私がどんなふうに生活しようと、行きつく所は地獄なんだ」という自覚にほかならなかったのだ。だめな人は一人もいない、という事は、教壇の上から偉そうに平等の理論を説く事ではなかったのだ。「俺の力でできない事はない」という鼻もちならぬ自信過剰の私が根底から否定されて、「自分は偉いどころか、気がついてみたら最低の人間だったのだ」と思い知らされる事にほかならなかった。

うそ、いつわりの人生に、ただ念仏のみ真実である、と聞くと、どこかに念仏の道という模範生のコースがあるように聞こえるが、そうではないのだ。権力をにぎろうが、財力を持とうが、人には偉い人だとほめられようが、中味は最低の人間でしかない落第偽善者《ぎぜんしゃ》が、念仏の教えに育てられながら、あらゆる権威の飾りに頼ることなく、自分の素足で一歩一歩人生をかみしめて行くだけなのである。親鸞さまは、思いがけなくも、念仏の教えに導かれて、かたちにとらわれない精神的無一物の世界を体験されたのである。大事なことは、それは親鸞さまが偉い人だから体験できたのではなく、だれでも念仏の教えに育てられて行く者は、同じ世界に導かれてきた歴史がある、という事なのである。

後　序

まことに、われもひともそらごとをのみもうしあいそうろうなかに、ひとついたましきことのそうろうなり。そのゆえは、念仏もうすについて、信心《しんじん》のおもむきをも、たがいに問答し、ひとにもいいきかするとき、ひとのくちをふさぎ、相論《そうろん》をたたかいかたんがために、まったくおおせにてなきことをも、おおせとのみもうすこと、あさましく、なげき存《ぞん》じそうろうなり。このむねを、よくよくおもいとき、こころえらるべきことにそうろうなり。これさらにわたくしのことばにあらずといえども、経釈《きょうしゃく》のゆくじもしらず、法文《ほうもん》の浅深《せんじん》をこころえわけたることもそうらわねば、さだめておかしきことにてこそそうらわめども、古親鸞《こしんらん》のおおせごとそうらいしおもむき、百分が一《ひとつ》、かたはしばかりをも、おもいいでまいらせて、かきつけそうろうなり。かなしきかなや、さいわいに念仏しながら、直《じき》に報土にうまれずして、辺地《へんじ》にやどをとらんこと。一室の行者のなかに、信心《しんじん》ことなることなからんために、なくなくふでをそめてこれをしるす。なづけて『歎異抄《たんにしょう》』というべし。外見《げけん》あるべからず。

意訳

(ほんとうに、私もまわりの人々もどうでもよい事を言い争っているのであろうが、一つだけ悲しい事がある。それは南無阿弥陀仏ととなえる心とは何か、という事を議論し、相手を説得し、反論をおさえて言い争いに勝つために、親鸞さまの教えと似ても似つかぬ理屈を、これが親鸞さまの教えだと言いふらす者がいる。これはとてもあさましい悲しい事ではないか。そういう事をしてはいないかと、みんな胸に手をあてて反省してみるがよい。さて、今まで述べてきた事は、決して私の自分勝手な理論ではなく、親鸞さまからお聞きした事ばかりであるが、経典や解釈の読み方もよくわからないし、教えの深い味わいもわかっているとはいえない愚かな私のやる事だから、おかしな文章がならんでいるように思われるかもしれないが、今はなき親鸞さまの教えの要旨を百分の一でも、ほんの少しでも思いだして書きつけておこうと思う。悲しい事ではないか。念仏の教えにせっかくめぐりあいながら、ほんとうに明るい生き生きとした人生にめざめることなしに、その一歩手前で眠りこむのは。同じ道を歩む仲間が、自分勝手な狭い理屈の世界にとじこもることのないようにやむにやまれない気持ちで、これを書き記したのである。この書を『歎異抄』と名づけよう。決して、他人に見せて誇るようなものではないから、あなた一人の胸にしまっておいてほしい。)

いのちのお聖教《しょうぎょう》

念仏の教えを聞く者が、どちらが正しいか決着をつけようと、言い争いをするのは悲しい事である。決着をつけるのは裁判である。人がつくった物差しで正邪を決しなければ、日常生活は動きがとれなくなるからであろう。だが、決着をつければそれでおしまいというわけにはいかない。なぜならば決着をつけなければおさまらないような問題は、はじめから割りきれるような単純なものではないのであろう。だから決着をつけても必ずあとに、もやもやしたものが残る。だからだれかがじっとがまんしたり、あきらめたりしなければならない。何も解決などしていないのであろう。

念仏の教えは、理論ではない。教えを聞いて行くと、教えを理解できるのではなく、教えを聞いている自分自身の思いがけない姿がはっきりしてくる。真宗の教えは、自己をみつめることだ、という人がいるが、見つめてわかるようなものはたいした事ではないのではないか。見つめるのではなく、教えに導かれて見えてくるのである。

見つめなければならぬ、自覚せねばならぬ、信じなければならぬ、という決意はとても勇ましいけれども、どこかに無理がありはしないか。一所懸命自分に言いきかせているだけなのであろう。私たちは幼少の頃から、ああしなければならぬ、こうしなければならぬ、と、何千回、何万回と言いきかせてきたことか。だが、そのほとんどが、空振りではなかったのか。これこそ信仰だ、この信仰が正しいのだ、あれはまちがいだと、りきんでみてもその理論では、わが身一つ救われないのではなかろうか。親鸞さまは教えられる。

不了仏智《ふりようぶつち》のしるしには
　如来の諸智《しよち》を疑惑《ぎわく》して
罪福《ざいふく》信じ善本《ぜんぽん》を
たのめば辺地《へんじ》にとまるなり
『正像末和讃』

(自分がまだめざめていない証拠には、救われるという事が、全く私の能力や努力の及ばない阿弥陀の親心による、という事にほんとうにうなずくことができないのではないか。心を集中して自己を見つめねばならぬ、自分を反省せねばならぬ、修養にはげまねばならぬ、というように、自分にむち打って明るい心の世界に到達しようとするから、明るい世界の一歩手前にすわりこんで不安な毎日を過ごさなければならなくなる。)

親鸞さまは、念仏の教えと共に、明るい生き生きとした人生を歩まれた。親鸞さまは決して「あらゆる宗教、あらゆる仏教を研究して、念仏が理論的にいちばんすぐれているからこの道を行きなさい」とは言わない。そんなふうに理屈で説得されても「はい、それでは信じます」というわけにはいかない。なぜならば「信じます」という自分の心が信じられないからである。親鸞さまは、念仏の信心は「如来よりたまわりたる信心」「行者のはからいにあらず」と教えられた。念仏の教えに親しみ、育てられて行くと、信じようとしなくても、理論的に納得しようとしなくても、必ず思いもかけなかった私の姿がはっきりしてくる。ただ教えを聞く、それで十分なのである。理屈はいらないのだ。なぜならばわが身にひびいてくるからだ。金子大榮先生は、

聖教《しょうぎょう》を披《ひもと》くも

文字を見ず

ただ言葉のひびきをきく

「その人親鸞」(頌)

と、教えられた。教えを聞くという事は、教えを理解するのではなく、その言葉のひびきを体験することだと。わが身に教えがひびく、思いあたる、それが信心であると。教えを理解するのなら、能力のあるもの、学のある者が先に救われてもよいはずである。だがわが身に教えがひびく

者は、偉い人ではない。頭がさがる人である。頭をあげて、夢と希望を追いかけて行ける者ではない。どんなに努力してもこの世の幸福など手の届かない者が先なのである。

お釈迦さまの仏教も長い歴史を重ねるうちに、いつのまにかその生き生きとした生命が見失われ、理屈の学問になってしまった。親鸞さまは、その煩雑な学問の欺瞞性《ぎまんせい》に気がつき、念仏の教えに育てられて行くことによって、本来の血の通《かよ》った仏教に戻されたのである。ところがまた、その生き生きとした教えが理屈として受けとめられ、偉い人にだけもてあそばれる学問仏教に姿を変えて行く。これが親鸞さまのおそばで教えを受けた唯円さまの大きな悲しみであった。『歎異抄』は、その唯円さまの悲しみから生みだされた。私たちは、今『歎異抄』にめぐりあった。だが親鸞さまの教えは、いつのまにか、観念の世界でもてあそばれてはいないだろうか。聖道《しょうどう》の教え、自力の教えでは救われない、浄土の教え、他力の教えでなければだめだ、と親鸞さまの教えをかついでいる人は多い。だがどの声もなぜか空《むな》しい。真宗という名はあっても、南都北嶺《なんとほくれい》のゆゆしき学生《がくしょう》たちの理論仏教と実質的には同じではないか。

今こそ、唯円さまの悲しみをほんとうにかみしめようではないか。『歎異抄』は、決して偉い人が象牙の塔でまな板の上に切りきざんで観察するためにあるのではない。このどうなって行くか見当もつかない時代に生きる私たちのかけがえのないいのちのお聖教《しょうぎょう》なのだから。

あとがき

蓮如さまは、

一句一言《いちごん》も申す者は、われと思いて物を申すなり。信のうえは、われはわろし、と思い、また、報謝と思い、ありがたさのあまりを、人にも申すこととなるべし。

『蓮如上人御一代記聞書』

（ものを書いたり、話したりする者は、だれでも、私がみんなに教えてあげるという、高慢な心がその背後に渦巻いているのではなかろうか。念仏の教えに育てられて生きる者は、私こそまちがいなくそういう鼻もちならぬ偽善者だという事が身にしみてわかるにちがいない。だから、そんな私を見捨てることなく導いてくださる念仏の教えにひたすら耳を傾け、私の身にひびいてきたありのままの姿だけを人に語るがよい。）

と、教えられている。まったくその通りだから一言も言いわけする余地はない。私は、この『歎異抄』と親しくなってからもう十六年余りになる。それなのに、かっこうのよい事を話したり書いたりして、人に教えてやろうという姿勢は少しも変わらない。この分では生涯変わらないのかもしれない。だが一方、その鼻もちならない高慢な心を離れることができないからこそ、この『歎異抄』とのおつきあいも続いて行くのではなかろうか。

偽善者だと呼ばれてもよい。その通りなのだから。自分勝手な解釈が多すぎる、論理が一貫していない、そう批判されてもよい。その通りなのだから。でも『歎異抄』はそういう私のために教えられていることだけはまちがいないのであろう。とにかく、うそいつわりにかためられたような姿のまま、十六年間この『歎異抄』に学んだ事を書き記してみた。とても一筋縄ではどうにもならないような物わかりのよくない私だから、『歎異抄』のご苦労は大変なものである、ということがわかっていただければ幸いと思う。『歎異抄』のありがたさは、ひもとくたびにちがったひびきがあるという事である。そのたびに「生きているんだな」としみじみ思う。今日も、「困った奴だなあ」という親心を聞きつつ筆を擱《お》くことにする。

合　掌

昭和五十三年六月一日

高松信英

高松　信英（たかまつ　しんえい）

1934年　長野県に生まれる
1957年　東京教育大学教育学部教育学科卒業
1964年　大谷大学大学院修士課程修了（真宗学専攻）
現　在　真宗大谷派善勝寺前住職
　　　　前・飯田女子短期大学長
著　書　『生の讃歌―正信偈に学ぶ―』
　　　　『御文さま―真宗の家庭学習―』
　　　　『親鸞聖人伝絵―御伝鈔に学ぶ―』（共著）
　　　　（以上、東本願寺出版）など。

雑草《ざっそう》の輝《かがや》き ——歎異抄《たんにしょう》に学《まな》ぶ——

1978（昭和53）年９月１日　初　版第１刷発行
2020（令和２）年３月１日　改訂版第15刷発行

著　者　高　松　信　英
発行者　但　馬　弘
編集発行　東本願寺出版
（真宗大谷派宗務所出版部）
〒600-8505 京都市下京区烏丸通七条上る
TEL 075-371-9189
FAX 075-371-9211
E-mail shuppan@higashihonganji.or.jp
印刷所　㈱京富士印刷

ISBN 978-4-8341-0020-4 C0015